京都おしゃれローカル・ガイド

多屋澄礼

Sumire Taya

New Kyoto

OSHARE LOCAL GUIDE

Maegaki

まえがき

幼い頃から慣れ親しんできた東京を離れ、京都に住む。自称シティーガールのわたしは、京都に移り住んだ始めの頃、この突然の環境の変化に、戸惑いが楽しさを上回っていた気がする。でもいつかその戸惑いは消え、いまでは京都の街を自転車で駆け回り、すっかり京都人気取りである。

憧れていた「ソワレ」や「フランソワ」などのクラシックな喫茶店が日常の店になり、京都で新しい波を起こすクリエイティブな才能にも出会う機会が増えた。街のサイズ感が東京よりも小さく、凝縮されている

のもあって、人との繋がりがずっと強く、それに助けられた場面も沢山あった。

京都の良いところ、それは伝統的だったり、歴史が古かったり、そういったものが日常に溶け込んでいること。それと同時に新しいことを始められそうな機運があること。可能性をたくさん含んだこの街に魅力を感じ、移り住んで来た作家が多いのもうなずける。

わたしの場合、東京にいた時は忙しさで気にかけることが少なかった四季の移ろいを京都に来てからは敏感に感じ取ることができるようになったのがとても嬉しい。

昔から好きだった老舗、新たに出会って恋に落ちた店、ここに掲載されている店や場所はジャンルも時代もバラバラ。観光では訪れなさそうな場所も沢山あり、ローカルな人たちに愛されている場所が大半を占める。これこそが京都に移り住んだわたしのニュー・キョウト・スタンダードであり、この本を手にする人たちにとって、京都がもっと身近で心を引く存在になれば嬉しい。

New Kyoto

Mokuji

青二才という名のパン屋

[Le Petit Mec IMADEGAWA]

実は全国でもパンの消費量がナンバーワンの京都。老若男女問わず、朝は馴染みのパン屋で買ってきた食パンをトーストするのが京都の朝の風景である。パンへのこだわりも強く、京都市内には、パン屋がひしめきあっている。すでに京都のスタンダードとなっているル・プチメック。新宿マルイ本館一階の支店や、原宿、明治通りのＴＡＫＥＯ ＫＩＫＵＣＨＩ内にあるレフェクトワールもプチメックの系列店なので、東京でも味わうことができるけれど、やはり京都を訪れたならば足を運ばないわけにはいかない。今出川通りにあるのが赤メック、御池にあるのが黒メックとそれぞれ呼ばれ、「パリ」というキーワードは共通しながらもお店のカラーはがらりと違う。黒メックがもつシックさも捨て難いが、個人的には、赤いギンガムチェックのテーブルクロスが印象的な赤メックに軍配があがる。ベシャメルソースとハムが挟まったクロックムッシュとお砂糖をいっぱい入れて甘くしたカフェオレをすすりながらパリジェンヌを気取ってみる。優雅に朝食をいただいていると地元の人々が続々とやってくる。焼きたてのクロワッサンの香ばしい匂いが食欲をかきたててくれる。ブリーチーズとボンレスハムが挟まった本場さながらのバゲットサンドはカリっとした皮と水分を含んだクラムのコントラストが良い。テーブルの上には洋梨、クルミ、カスタード、オレンジやクロゼイユなど素朴な見た目だけどほっぺたが落ちそうなタルトがわたしたちを誘惑する。赤メックがオープンするのは金、土、日曜日だけ。壁にかけられたヌーベルバーグのポスターを眺め、ＢＧＭとして店内に流れるフランスのラジオに耳を傾けながら特別な朝食を。ちなみにル・プチメックはフランス語で「青二才」を意味する。辛辣で自虐的なところも実にフレンチである。

住所：京都市上京区今出川通大宮西入ル元北小路町 159
電話：075-432-1444　営業時間：8:00 - 20:00　休み：月～木曜（祝日営業）
クロックムッシュ（262 円）、カフェオレ（420 円）
地図：P125 L-1

男子目線のキッチン用品店

[LADER]

京都駅より南。京都在住の人でもなかなか足を運ぶことがないこの未開の地に面白いお店が出来たよという噂を聞いて、どんなお店だろうと期待に胸を膨らませていた。しかもそのお店は男子二人がキッチン雑貨を売っているらしいという続報に浮き足立つ。男子とキッチン雑貨がなかなかイコールで結びつかないが、階段を上って扉をスライドさせると、フォークやスプーン、グラスや鍋などが整然と並んだ棚が出迎えてくれる。色んな雑貨屋で買ったものがごちゃっと並んだ台所はそれはそれで魅力的だけど、一定のルールで選ばれたものだけが並んだＬＡＤＥＲ（ラダー）の台所はモデルルームの様に美しく、心惹かれずにはいられない。そのフォルムが見た目に美しいだけでなく、機能性も抜群で何だか得した気分になる。「実はただの面倒くさがりなんです。」とキッチン雑貨のセレクトを担当している橋本さんは、これらの雑貨たちが集まった経緯を話してくれた。合理的で使い勝手の良い物。装飾など無駄なものを省いた機能的な物たちを愛情を込めながら丁寧に説明してくれるので、料理を始めたばかりで何を選んで良いのか分からない男性にとってもここなら運命のツールたちに出会うことができる。

併設するカフェでは、もう一人のオーナーである宮崎さんが作るご飯やスイーツを実際に食器やキッチン道具を使って試すことができる。スプーンやフォークなどのカトラリーも「ツヤあり」「ツヤなし」の二種類があり、それを使ってスープやアイスなどを食べることで口当たりの違いを実際に体験し、気に入れば購入可能である。「もっとこうだったら便利なのに」。そんな気持ちに応えてくれる道具たちを並べてみると何だか自分が料理上手になったような気分に。新生活を始める人へのプレゼント探しにもここなら間違いなし。

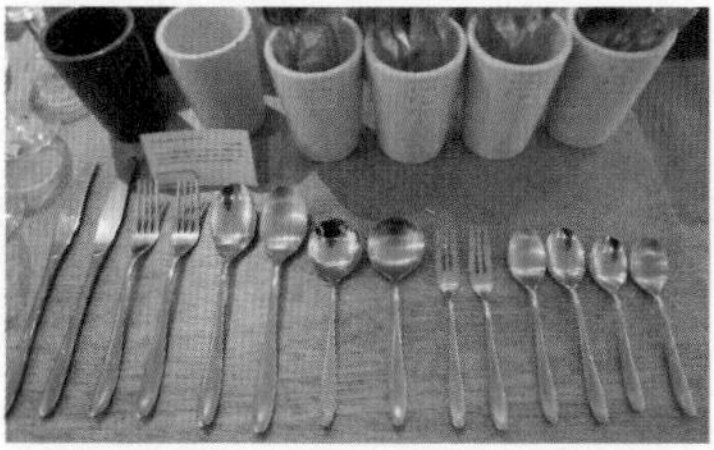

住所：京都市南区東九条西山王町 1 2F

電話：075-201-8688　営業時間：11:00 - 19:00　休み：火曜・水曜

地図：P121 A-1

口福《こうふく》なフルーツサンド

［フルーツパーラー　ヤオイソ］

創業明治二年。八百屋としてスタートし、戦後は果物専門店へと転身。今では京都のフルーツサンドといえばヤオイソというくらい代名詞的存在になっている。

四条大宮の駅を降りるとすぐに昭和感がただようレトロな建物が目に入ってくる。一階の果物屋、以前はその二階にフルーツパーラーが入っていたが、のちにフルーツパーラーは四軒先の建物でリニューアルオープンした。知人を訪ねる時などは果物屋のほうでフルーツサンドをお土産として購入する。サクランボが並んだ北欧のテキスタイルを思わせるノスタルジックな包装紙を開けた時の相手の喜ぶ顔が見たくて、時間がかかると分かっていてもわざわざ行ってしまう。休日や時間がある時は新しくなったフルーツパーラーに入り、季節の果物のジュースやパフェなどに目移りしつつ、やはり定番のフルーツサンドを選んでしまう。フルーツサンドが運ばれてくるとまずは薄めの食パンに、クリームとフルーツが端然と挟まったその麗しい姿を眺める。じっくり堪能した後に一つまみし、口へと運ぶ。するとミルキーなクリームとイチゴ、キュウイ、パイナップル、マンゴーやメロンの瑞々しい味が口いっぱいに広がる。口の中が空になるとまた手が伸び、あっという間にお皿の上は空っぽになってしまう。春はマンゴー、夏から秋にかけてはイチジクや桃、冬から春にかけてはイチゴなど季節限定のフルーツサンドもあるので、いつ行っても飽きることはない。でもやはりスタンダードなフルーツサンドを選んでしまう。真っ白なパンとクリームとフルーツの色とりどりのコントラストの美しさは写真に収めずにはいられない。京都通のあの俳優もお気に入りとしてヤオイソのフルーツサンドをあげている。「フルーツサンドなんて邪道だ！」と主張する男性諸君にも一度は食べて欲しい特別なサンドイッチだ。

住所：京都市下京区四条大宮東入ル立中町 496

電話：075-841-0353　営業時間：9:30 - 17:00　休み：元旦

フルーツサンド（683 円）

地図：P122 E-1

本と出会い、カルチャーに交わる

[恵文社一乗寺店]

週末問わず、多くの人が恵文社一乗寺店を訪ねる。観光客だけでなく、地元の人々も「街の書店」として恵文社に愛情を持って接しているのが本を手に取る人々の表情を眺めれば自然と伝わってくる。アマゾンのように便利なオンラインの書店や電子書籍が普及しながらも、わざわざ足を運んで本を選ぶ。インディーズに偏りすぎず、商業的になりすぎず、いい塩梅に本や雑誌、漫画が並ぶ。本好きの物欲を刺激する雑貨もアクセントとして置かれている。普段は文芸書に偏りがちなわたしも生活館に置かれている料理本にはつい手が伸びる。ここで手に入れたアリス・ウォータースの本を参考に作った料理はどれも好評だった。

二〇一三年の一一月に完成した「cottage」というスペースの攻めの姿勢の面白さに惹かれはじめている。普段は寡黙に接客する店長の堀部さんが自らマイクを持ち、ゲストを招いてトークをする水曜恒例の「ビッグ・ウェンズデー」。「タモリ」や「ウェス・アンダーソン」など興味をそそるお題も毎回楽しみだし、何よりも堅苦しさ抜きにお勉強ができるので、どこか放課後の部活動のような楽しさが生まれてくる。日替わりで喫茶営業やトークショー、「出張鴨川カフェ」や「屯風のおでんと落語」などが定期的に開催されるので、月の初めになるとcottageのカレンダーをチェックするのが習慣になっている。唯一無二の書店として憧れられつつ、サロンのように人が集まり交流する場所として京都のカルチャーの中心となる存在である。遠方からやってくるお客さんに甘えることなく、常に革新的なことに取り組んでいく恵文社のこれからの変化が楽しみで仕方がない。

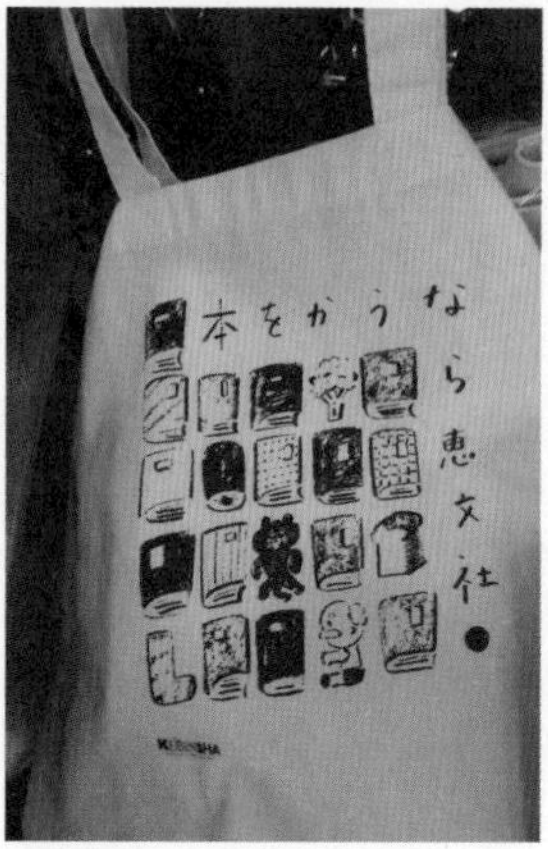

住所：京都市左京区一乗寺払殿町 10
電話：075-711-5919　営業時間：10:00 - 22:00　休み：年中無休（元旦をのぞく）
地図：P124 J-1

Bean To Barにこだわる
チョコレート専門店

[BENCINY]

ヴァレンタインの時期になると、世間はチョコレート一色になる。チョコレート中毒なわたしは毎日がヴァレンタインでもいい。和菓子屋も洋菓子屋も多く、総じて甘党な京都人だが、チョコレートへのこだわりもなかなかである。久遠チョコレートのフラッグショップ「ニュースタンダードチョコレート京都」、和三盆など和の素材を使ったチョコレートを提案する、マールブランシェの新ブランド「加加阿３６５」、インドネシアのカカオ豆を直輸入し、自家焙煎する「ダリケー」などそれぞれに個性がある。そこに加わったニューフェイス「ＢＥＮＣＩＮＹ（ベンチーニー）」は自分の期待を遥かに越えてしまう素敵なチョコレートショップだった。ヴィンテージ風のシックなデザインが施されたブルーの包み紙を開けると光沢のあるチョコレートバーが現れる。小さな頃から慣れ親しんできた板チョコとは一線を画すその貫禄ある佇まい。カメラマンである宮本さんがチョコレート・バーを作ろうと思ったきっかけ、それは雑誌で知ったブルックリンのＭａｓｔ Ｂｒｏｔｈｅｒｓだった。イタリアで製菓の修行をしながらも、これぞという答えを出せずにいた宮本さんにとっては大きなターニングポイントだった。全て独学で研究に研究を重ね、カカオ豆を自家焙煎し、カカオバターを抽出し、ミルクなどを加えて成型する。産地にこだわり、ブレンドせずにそのカカオ豆が持つ独自のフレイバーを楽しむことができる。チョコレートの一片を口に含むと、グレープフルーツの香りがふわっと香る。なんとも無骨なルックスなのに繊細なアロマを感じるこのギャップを体験するために訪れる価値はある。「セクションドール」、「メメントモリ」など個性豊かで感度の高い店に挟まれ、京都の中でも今一番洒落たスポットとして注目の的になることだろう。ガラス越しに見える小さなチョコレート・ファクトリーはまだ動き出したばかり。

住所：京都市左京区岡崎西天王町 84-1
電話：075-761-3939　営業時間：12:00 - 17:00（売り切れ次第終了）　休み：不定休
地図：P122 F-1

一つ屋根の下で営まれる個性派ショップたち

［ 五条モール ］

京都へ引っ越す。東の都から西の都へと住居、そして元々経営していた店をいっぺんに移すことになった。家はすぐに決まったが、店の場所を悩んでいたところ、同じく東京から京都へと移住した友人に「五条に面白いところがある。」という話を聞き、その建物を見るなり即決した。細い高瀬川に沿って歩き、何十年も地元の人に愛されてきた梅湯を左折してさらに細い路地へと入っていく。京都では珍しい入り組んだ道は迷路のようで、時代が止まってしまった町家のような一軒家を共有しながら店を営むのは何だか愉快な響きがした。毎日、暮らすように顔を合わせながら、お互いの世界観に近づいてみたり、離れてみたり、細かい規則はなくおおらかで自由な空気が漂う空間は東京のものとは違って新鮮だった。古本、紙などが自由にレイアウトされている「ホムホム」や姉御肌のさっこさんがおいしいご飯とお酒を提供してくれる「えでん」、楽しいワークショップが開かれる「8」、ニット作家である一條絵美子さんのアトリエ、そして自身の店「ヴァイオレット・アンド・クレア」などにお客さんが集まり、週末は賑やかになる。わたしが五条モールで一番好きなのは廊下を挟んで向かいの山根大介（通称 ダイちゃん）のアトリエ。部屋に足を踏み入れると木の表情を生かした動物たちが出迎えてくれる。平日の静かな時間に電気ノコギリや釘をカンカンと打つ音が静かな五条モールに響いているのに耳を傾けながら文章を書いている時間を愛おしく思う。「五条モール」という名前を聞いて大きな建物を想像してくる人はそのひっそりとした佇まいに驚く人も少なくない。何度も通り過ぎて見つけられなかったという話もよく聞く。レイ・ブラッドベリが小説の中で書きそうな幻の店のように、ノスタルジックな街並の中で、ひょこっと存在する小宇宙に是非足を踏み入れてみてほしい。

住所：京都市下京区上ノ口通二ノ宮町上ル早尾町 313-3

営業時間：13:00 - 19:00（店舗による）　休み：不定休　電話：075-708-8309

地図：P121 B-1

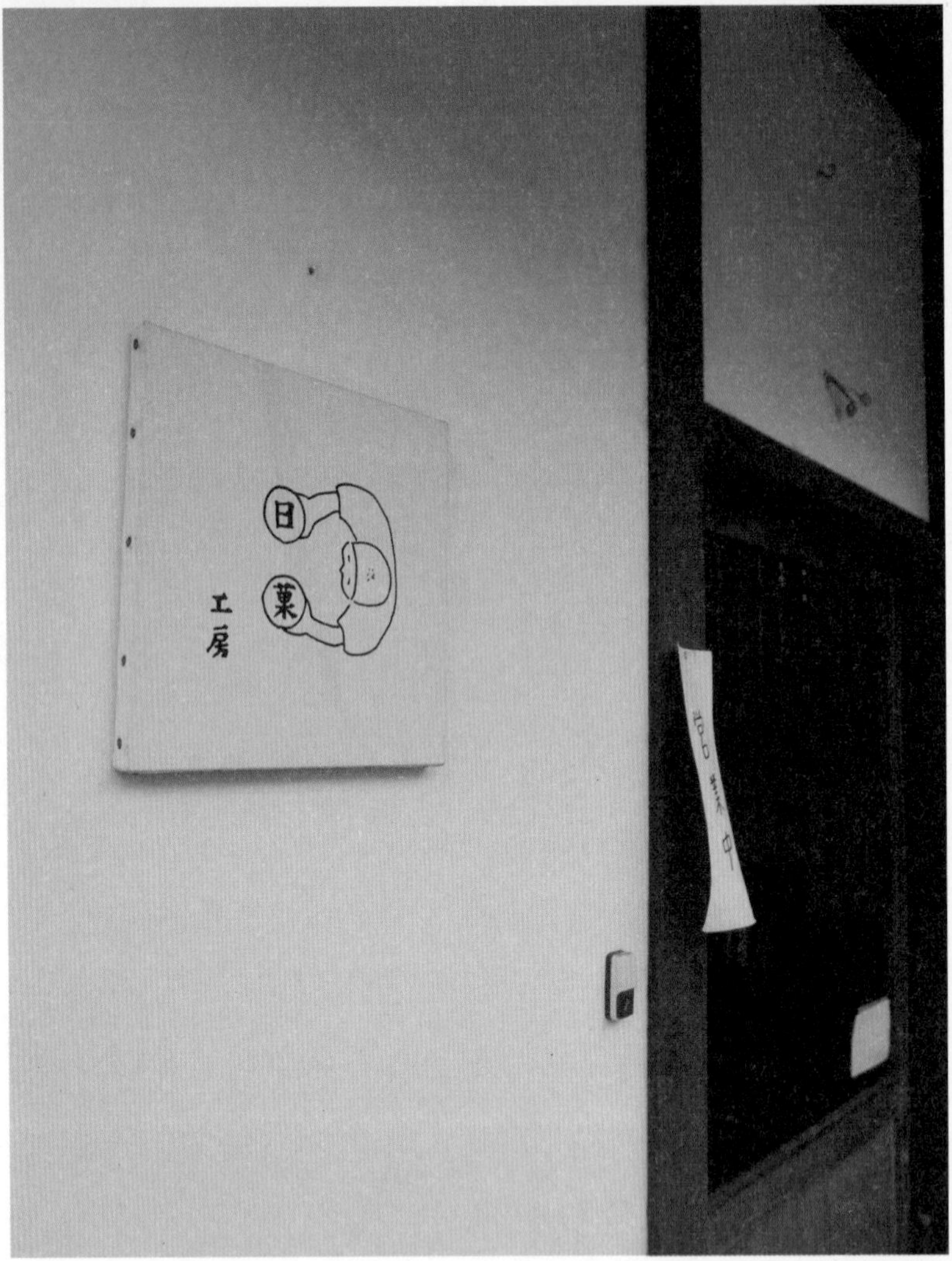

日々食べたいニュー和菓子

[日菓]

和菓子と聞いてイメージするもの。それは羊羹、練り切り、大福や饅頭などが浮かんでくる。「日菓」の和菓子に出会うまではそのイメージはとてもわたしにとって堅苦しいものだったと思う。

「和の菓子」という本をきっかけに和菓子の世界に飛び込んだ内田美奈子さんと杉山早陽子さん。この二人によって「日菓」は結成される。初めはイベントやギャラリーで和菓子を出すことが大半だったが、念願の工房も完成し、今では「月一日菓店」や恵文社一乗寺店での「日菓のおかし」など活動の幅を広げてきている。

「日菓」の和菓子たちは食べて美味しいのは勿論、眺めているだけで幸せな気持ちがじわじわと溢れ出してくる。今まで作られてきた和菓子のアーカイブを美しい写真に収めた『日菓のしごと～京の和菓子帖』をパラパラとめくり、食べた時の食感や風味を想像してみる。まん丸な黄色い月に足跡を残した「アポロ」。琥珀で作られたブロック型の「テトリス」。ふんわりと色付けられた紅白のおまんじゅうを二つに割ると白あんの中に紙吹雪が見える「くす玉」。派手さや、大胆さではなくちょっとしたアイデアや工夫で「くすっ」と笑わせてくれる。

京都には代々と続く老舗和菓子店が有名、無名含め数えきれないほど存在している。二人はその老舗の技術を手にしっかりと刻むために和菓子のいろはを学んだ。「日菓」の活動においても、和菓子の範疇からはみ出さないことを心がけている。日常の風景から生まれるアイデアをノートに書き溜め、二人で持ち寄って新しい和菓子を日々生み出していく。それが「日菓」の意匠になっていく。

二人が作った和菓子を包み込む包装紙には東京でアーティストとして活躍する川瀬知代さんによって描かれた「日菓」の代表作たちが散りばめられている。食べた後も取っておきたくなる心ときめくデザインを眺めていると、あの愉快な感覚が蘇ってくる。

住所：京都市北区紫野東藤ノ森町 11-1
電話：非公開（メールのみ nikkakyoto@gmail.com） 営業時間：12:00 - 17:00 休み：不定休
生菓子（360 円）
地図：P125 L-2

世界のみなさま こんにちは

[世界文庫]

「世界のみなさま、こんにちは。世界文庫です。」オープンする日にtwitterでつぶやかれるこのフレーズが好きだ。この近すぎず、遠すぎない適度な距離感が心地よいと思うのはきっとわたしだけではないはず。

オーナの古賀鈴鳴さんが漂流するように東京から京都の西陣へと辿り着いたのが二年前。かつては木材工場であったこの場所に出会い、お店を開くという漠然としたアイデアが書店に結びついたらしい。詩人、イラストレーターとしての肩書きを持つ古賀さんの選書は良い意味でミーハーであり、そこにマニアックなものを挟むことでより一層本との出会いを楽しませてくれる。店主のセレクトを軸にしながら、ゲストセレクターを招くことによって書店としての鮮度が保たれている。デザイナーの皆川明さんや文筆家の甲斐みのりさんなど、センスの卓越した人たちがどんな本を選ぶのか、本の入荷の度に古賀さん自身も胸を高鳴らせている。京都は週末限定で営業している店、月に数回だけ開いている店などマイペースな店が多く、事前に営業日を確認する必要がある。「世界文庫」も週末を基本としてそれに平日一日が加わる営業形態なのでお出かけの際にはご注意を。

わたしは「世界文庫」に行く時にはブックハントを主な目的としながらも密かに古賀さんとの会話を楽しみにしている。つかみどころの無い会話は宙をふわりと浮き、話のテーマも次々に変わっていく。東欧からやってきた貴重な絵本、音楽や映画などカルチャーの本が充実しているのも嬉しい。結婚記念日にはここでビートルズ写真集を買って夫にプレゼントした。

インターネットなどで手に入らないものなどない現代で、わざわざ本に出会うために時間を費やすこと、一冊の本に存在する世界を覗くことで心が豊かになる。真っ白なキャンバスのように白い店内で本の背表紙とにらめっこをしながら、今日もまた世界との新しい出会いを楽しむ。

住所：京都市北区 紫野東舟岡町 19
電話：非公開（メールのみ info@sekaibunko.com） 営業時間：日によって変わります 休み：不定休
地図：P125 L-3

ヴィンテージ雑貨の秘密基地

[Buddy tools]

京都へ移住する前に代々木公園近くのコーヒースタンド「リトル・ナップ・コーヒー」で開催されていたフリーマーケットに出店していた。その時にわざわざ訪れてくれた男性二人。岩崎さんと佐藤さんは「これから京都でお店をやるんです。」と言っていた。どんなお店をやるのかと聞いたところファンキーなお爺ちゃんの倉庫みたいなお店だというので、わたしも京都へ引っ越した際にはそれは絶対に行かなければと意気込んでいた。しかし、いざ京都へ住んでみると慌ただしい日常の中でなかなか訪れることが出来ず、それでも常に頭の片隅にこのお店の存在があった。四条烏丸という京都の中でも一番活気のあるエリアにありながら、一本筋に入ったところにあるので街の喧噪から逃れ、独自の空気が流れている。そっと何気なく置かれた看板は注意しながら歩いていないと見落としてしまうので注意が必要だが、細い路地を進むとそこに「Buddy tools（バディーツールズ）」がある。男の子の秘密基地のような無造作に置かれたヴィンテージのアイテムたち。それを眺めながら、珈琲を飲むこともできる。クリエイティブな人々が良質な生活をおくる地域として注目を集めるポートランドなど世界中で買い付けられた物が京都の街に融け込んでいる。小学校の時から幼なじみである二人が、それぞれの道に進みながらもまた京都という場所で交差する。何代も続く老舗店が多い京都の中でBuddy toolsのような新しい場所が生まれることによって、また違う波が起きようとしている。二人がこれから提案する京都での新しいライフスタイルには期待せずにはいられない。

住所：京都市下京区東洞院通四条下ル元悪王子町 47-12

電話：075-746-4555　営業時間：12:00 - 19:00　休み：火曜

地図：P122 E-2

※移転に伴い3月下旬に実店舗は close。移転先・時期は Web サイト、facebook で案内

キーマカレーの衝撃

[スパイスチャンバー]

「カレーが嫌い」な人にわたしはまだ出会っていない。一〇〇人に一人くらいはいるかもしれないけれど、日本人の人口の大半はカレーを愛している（わたしも含めて）。いつのまにか日本の国民食となったカレーだが、ポピュラーな料理でありながらタイ、インド、欧風などジャンルは細分化され、「カレー総合研究所」なるものが存在するなど奥深い食べ物である。東京ならば神保町の「ボンディ」や「エチオピア」を挙げる所だが、京都においてはまだわたしはカレー初心者だった。二条城前の「チロル」や木屋町の「イグレック」は確かに美味しいと思いながらもまだ運命的な出会いは果たしていなかった。四条烏丸は銀行や証券会社が立ち並ぶ京都の中でも珍しいオフィス街である。そこから一歩裏手に入った「スパイスチャンバー」にはスパイスの刺激を求めてカレー愛好家が集まってくる。カウンター七席のみなので、昼時は行列は必至だ。メニューは「キーマカレー」と「三代目チキンカレー」の二種類という潔さ。常連客が前者の「キーマカレー」を次々とオーダーする様子を見て自分も同じものを注文する。調理の壁にはスパイスの瓶がずらりと並び、それらが調合されたカレーからはクミンやカルダモンの香りが漂ってくる。一口目の辛さにショックを受けながらも、スプーンを口に運ぶ手は止まらない。挽肉と野菜がたっぷりと使われたルーの旨味とスパイスの刺激が同時にやってくることで身体の芯から覚醒していく。ルウの上にのせられた赤いカリカリの梅干しを齧ると酸味が口に広がる。インドカレーにおけるアチャール的な役割を果たすこの梅干しに最初は戸惑うけれど、通うほどに虜になる。元はレコード会社で働いていた店主。パンクやオルタナティブな音楽がかかる中、下にピリピリとした刺激を感じながらカレーを食す。ふと天井を仰ぐとデヴィット・ボウイがこちらを見つめていた。

住所：京都市下京区室町通綾小路下ル白楽天町 502 福井ビル 1F

電話：075-342-3813　営業時間：11:30 - 15:00（月〜土）、18:00 - 20:00（火・木）　休み：日曜・祝日

キーマカレー（1000 円）

地図：P122 E-3

本を持って出かけたくなる場所

堀部篤史

休日にはトートバッグに本を放り込んで出かける。書評原稿やイベントの資料として目を通す本が山積みになりがちなので、外出時の手慰みに本を帯同するのではなく、本を読むこと自体を目的に外出することも多い。知り合いの店に顔を出して本など読めるはずもなく、そんな日は左京区近辺では数少ないファミリーレストランや、長居しても嫌な顔をされない喫茶店をハシゴすることになる。ドリンクバーを頼み、カップに少し珈琲を残したまま本に目を落とし、首や腰が痛くなった頃に次の店へと河岸を変える。最近のお気に入りは「コーヒーハウス・マキ」だ。鴨川べりにある出町柳の本店ではなく、堀川通りの北のはしっこに位置する北山店。一階のレジから対角線上に位置する柱時計の下のボックス席がお気に入りだ。ダッチコーヒー用のクラシックなドリッパーの様子

COFFEE HOUSE maki 北山店

京都市北区紫竹下本町48-1／電話：075-492-9202
地図：P124-K1

を見に時折女子大生のアルバイトが隣を通るくらいで、あとは年配客のトーンの低い喋り声と、有線から流れる洋楽が喫茶店の騒音らしく調和し、耳栓をしているかのごとく本に集中できるのだ。コーヒーを飲み飽きたらアイリッシュコーヒーに切り替えられるのもいい。とにかくコーヒーの味や内装、ＢＧＭに店員と、どれか一つでも突出していてはいけない。調和のとれた居心地こそが、自分にとっての喫茶店の良さなのだ。どうしても読まなければならない本がない時、やはり同じように本を持って出かける。出町柳から大阪に向かう京阪特急が自分にとってこれ以上のない読書空間となる。同じ特急でも、ブルーの3列仕様ではなく、昔から変わらず運行するオレンジ色の８０００系でなければならない。どうしたって始発駅から乗車するためボックスシートはほぼ独占することができるし、淀屋橋に着くまでの50分程度は読書に没頭できる時間としてはちょうどいい。用があって電車に乗るのか、電車に乗るために用事を作るのか。いずれにせよ自分にとってその比重は半々に近い。

堀部篤史 *Atsushi Horibe*

恵文社一乗寺店 店長。著書に『街を変える小さな店』（京阪神エルマガジン社）、『本を開いて、あの頃へ』（ミルブックス）ほか、共著に『本屋の窓からのぞいた｛京都｝』（マイナビ）。

片思いの特等席

[かもがわカフェ]

大人になって一人で珈琲を飲む機会が多くなったように思う。幼稚園の後に池袋の塾へ通っていたわたしは塾の帰り道、母とリブロブックセンターの片隅にある小さな喫茶店で待ち合わせをするのが習慣だった。母はきまって大好きなミステリー小説を片手に珈琲と煙草でわたしの到着を待ってくれていた。珈琲の香りをかぐたびにその母の姿が思い出される。

誰かとの待ち合わせではなく、一人で喫茶店に足を運ぶ。その目的の大半は自宅で原稿を書くのに煮詰まり、気分転換する時と決まっているけれど、そんなわたしにとってかもがわカフェは例外である。荒神橋からすぐ、大きな河原町通から一本中に入った静かな住宅街を歩いていると、鴨のイラストが描かれた緑色の看板が目に入る。一階にはギャラリー兼本屋、そしてヴィンテージの家具屋が入った建物の二階にかもがわカフェがある。階段を上ると、外観からは全く想像がつかないほど開放的な空間が広がっている。常連の皆に「大ちゃん」の愛称で親しまれるマスターが一杯ずつ丁寧にドリップしてくれる珈琲がここの名物。自家製のチョコレート・ケーキの甘さは自家焙煎された豆の香り、苦さによく合う。

窓際は自然光が入るので日中はとても心地いい。ロフトにあるソファー席も秘密基地の様で楽しい。しかしかもがわカフェの特等席はやはりカウンター席に限る。常連客に混じりながら、誰かの恋愛話に耳を傾ける。年齢はバラバラだけれど、みんな恋愛やレコード、趣味に心をときめかせていて、自分も普段だったら他人と共有しない様な話題もこのかもがわカフェのカウンターでは自由に話せる気がする。きっとそれは大ちゃんが話を引き出す天才だからなのだとわたしは思っている。

心が疲れている時に、大盛りのパスタで救われたこともある。大ちゃんは今日もテキパキと切り盛りしながら、皆の他愛も無い話に耳を傾けてくれる。

住所：京都市上京区西三本木通荒神口下ル上生洲町 229-1
電話：075-211-4757　営業時間：12:00 - 23:00　休み：木曜
かもがわハウスブレンドコーヒー（500 円）
地図：P123 H-1

ご飯を食べながら「働く」を考える

[iroiro]

もしあなたが観光で京都を訪れ、この街に惚れ込んでしまい、移住を決意したのならば……まず第一に生活の糧を確保するためには何かしら仕事を探さなければならない（御曹司であれば話は別だが）。京都でクリエイティブな仕事をしたいと思ったらまずここの扉を叩いてみよう。

京都で一番古い歴史を持つ松原商店街の中にオープンした「iroiro」ではおいしいご飯を出すカフェ、ショップ、そこにデザイン事務所が合体したちょっと不思議な複合店舗である。ここを主宰するサノワタルさんはわたしが知る中でも抜群の行動力と人を惹きつけるセンスを持ち合わせた人物である。「地域」「デザイン」「コミュニティー」をテーマにデザイン活動を展開する中で「いろいろデザイン」を設立し、今までの活動経歴で得たネットワークから派生した「いろいろスクール」では現役のクリエイターを講師として起用し、専門的な技能だけでなく、その仕事をするうえでどんな知識や考え方が必要とされているのか学べる場を提供してしている。「グラフィックデザイン」「ライティング」「カメラ」など技術的なことを勉強するための講座だけでなく、「本屋の作り方」のような変わった講座も用意されているのが面白い。

「iroiro」にはサノさんの面白さに惹かれて、クリエイティブな人が集まっている。店舗の中にショップ・イン・ショップとして営業している「YUY BOOKS（ユイブックス）」を始めた小野友資さんもそんな中の一人で、新刊をメインに扱うインディーズ書店の店長として本のセレクト、イベント企画など勢力的に活動している。

松原商店街に「iroiro」を作ったことによって地元と外部の人のコミュニケーションが増え、地域全体が活き活きとしてきた。サノさんが理想として思い描いてきたものが少しずつ形になってきている。

住所：京都市下京区松原通油小路東入ル天神前町 327-2
電話：050-1545-5689　営業時間：15:00 - 23:30　休み：火曜・水曜
地図：P121 B-2

私だけの特製シャツ

[モリカゲシャツ]

日本全国にファンを持つモリカゲシャツ。何代にも渡り受け継がれていく伝統、老舗が数多く存在し、「京都メイド」というだけで何だか格式高く感じる。モリカゲシャツもわたしの中で敷居が高く、踏み込みづらいと思っているところがあった。

それが偶然、デザイナーであり「モリカゲシャツ」の店主森陰大介さんの奥さんである真弓さんに出会い、その人柄の良さに惹かれ、真弓さんに会う度に自分が勝手に作りあげていた「モリカゲシャツ」に対するイメージは変わっていった。

文化服装学院を卒業した森陰大介さんは京都に戻り、かつては銀行だった大正時代の建物をリノベーションして様々な店が入居する、当時としては珍しい富小路のサクラビルの三階にアトリエを構え、テーラーメイドの服屋を始める。依頼されたものを何でも作っていたのが、シャツ好きが高じて様々なシャツを研究するようになり、アイテムをシャツに絞ることを思い付き、一九九七年に「モリカゲシャツ」は始まった。

二〇〇五年に移転し、現在の河原町丸太町のショップにはオリジナルシャツが美しく並んでいる。「ずっと着られるもの。飽きがこないデザインで動きやすくて着疲れしないものを。」当たり前のことのように聞こえるが、そのクオリティーを継続するのは並大抵の努力では実現できない。時代や季節によって少しずつ変化させ、シャツの可能性を追求し続ける姿勢が沢山のファンを生み出している。

レディーメイド(既製品)のシャツは季節によってラインナップが変わる。シャツワンピースなどレディースは品数も多い。わたしの近々の夢は「モリカゲシャツ」でシャツをオーダーすること。生地やデザイン、サイズ、衿の形、ボタンなどアドバイスを受けながら自分好みのシャツを作っていく。オーダーメイドは京都の本店でしか注文出来ない。毎日が特別になるような、そんなシャツを手に入れる日が待ち遠しい。

住所：京都市上京区河原町通り丸太町上ル桝屋町 362-1
電話：075-241-7746　営業時間：11:00 - 19:00　休み：無休（年に数回臨時休業あり）
地図：P123 H-2

優しい味に 嬉しいため息 [食堂souffle]

京都の冬は寒い。北風に吹かれて寒さで途方に暮れている時、まず頭に浮かぶのが食堂スーフルのご飯である。カラッとあがったジューシーな唐揚げ、野菜もたっぷりとれるバランスがとれた定食など、「ごちそうさま」と言う頃には心も身体も温かくなっている。

円町駅から商店街に続くゆるやかな坂を上ると黄色いひさしが見えてくる。そのミモザ色は店主の沙由理ちゃんの明るく朗らかな人柄みたいに愛らしい。イベントでのケータリングからスタートし、いつか自分の店を持ちたいという夢を少しずつ形作り、そこには沢山の苦労があったと語る彼女の横顔が格好良くて同性でも惚れてしまう。

亀岡の無農薬野菜を使い、調味料にも添加物が入ったものはなるべく使用しない、安心して食べられるご飯。フランス語の「息」を意味する「souffle」という名前がつけられた食堂では「ふーっ」と息を吐いてリラックスできるご飯が待っている。

住所：京都市中京区西ノ京北円町 63
電話：075-462-8738　営業時間：12:00 - 22:00　休み：不定休
きまぐれ定食（800 円）
地図：P125 N-1

秘密のデートスポット ［京都市動物園］

京都でもしデートするなら？　本屋や純喫茶巡りも楽しいけれど、日常とかけ離れた場所を訪れるのはデートの醍醐味だと思う。岡崎にある動物園は市内にある唯一の動物園であり、東京の上野動物園に続き日本で二番目に古く、一一〇年以上続いている。その動物園内には隠れたデートスポットがある。敷地の中央にある観覧車を目指して園内を進んでいく。ミニサイズの汽車が走る線路を渡りゲートをくぐると、そこにはノスタルジックな空間が広がっている。パステルカラーの観覧車にはそれぞれ動物のイラストが描かれ、独特なファンシーさを醸し出している。自動販売機で乗り物コインを買い、係のおじさんにそのコインを手渡して好きな動物のワゴンを選んで乗り込む。子供たちのはしゃぐ声をBGMに、ここでは言葉を交わさずに景色を眺める。乗っている時間はたったの数分だけれども、そこで共有した二人の記憶は甘い砂糖菓子のように心ときめくものになる。

住所：京都市左京区岡崎法勝寺町岡崎公園内
電話：075-771-0210　開園時間：9:00 - 17:00（3月～11月）、9:00 - 16:30（12月～2月）、入園は閉園の30分前まで
休み：月曜（祝日の場合は翌日休園）
地図：P122 F-2

揚げたてドーナツの誘惑 ［ひつじ］

「ほわほわ」「カリカリッ」揚げたてを頬張れば口の中でリズムを鳴らすドーナツ。ベーグルとスコーンが美味しくて京都に来る度に通っていたhohoemiが閉店した時はとても寂しかった。しかしそんな悲しみに暮れる間もなくドーナツ専門店「ひつじ」として生まれ変わった時はうれしかった。自家製酵母とイースト醗酵した生地をあげたドーナツはフカフカで油っこさを感じさせず、口のなかですーっと溶けていく。和三盆やシナモンなど、口の中でふわっと香る繊細なドーナツは今まで食べたどんなドーナツよりも優しい味がする。ドーナツには珈琲を合わせるのが定番だけれど、ここでは手焼きのボウルにたっぷり入った温かいほうじ茶を一緒にオーダーすることにしている。手についたきな粉を行儀が悪いと分かりながらもぺろっとなめて、美味しさの余韻に浸る。hohoemiファンの定番アイテムだった「キャラメルラスク」はお土産として買って帰りたい。

住所：京都市中京区富小路夷川上ル大炊町 355-1
電話：075-221-6534　営業時間：10:00 - 19:00　休み：月曜・火曜
ドーナツ（150円～）
地図：P123 H-3

小は大を兼ねるアパレル・ショップ　[Small]

デパートや大型店でブラブラと洋服を見るのも好きだが、専門店や誰かのフィルターを通してある程度セレクトされた店での買い物のほうが心地いい。これは性格かもしれないが、誰かのクローゼットを覗いているようなワクワク感は、ショッピングには必須な気がする。週末になると買い物をする人で溢れる御幸町通に一際目立つ大きな窓が現れる。自然光が差し込む真っ白な空間の中にきっちりと並べられた洋服たちは一五年に渡って厳選されてきた特別なものばかり。Americanaやmarbleなどシンプルで着心地の良い国内ブランドの洋服は不思議と京都の歴史ある街並に合う。ネットや量販店で格安で洋服が買える今だからこそ、自分のワードローブは良質で気の利いたもので取り揃えたい。そんなスマートな意識を持った女性たちのブティックとしてこれからも存在していて欲しい。「スモール・イズ・ナイス」はこの店を愛する人々の合い言葉である。

住所：京都市中京区御幸町通蛸薬師上ル 165
電話：075-212-0455　営業時間：12:30 - 20:00　休み：不定休
地図：P12 D-1

レコード屋以上、コンビニ未満

[100000t アローントコ]

　京都の本を作ろうと考えた時にまず浮かんだ人物は「１０００００ｔ」の加地猛さんだった。古本、レコードの店と銘打ってはあるものの、そこには古着、雑貨、おじさまたちのアイドル、井川遥のハイボールのポスターなどが並んでいる（こちらは加地さん私物）。

　京都市役所の真横、寺町通の古いモーリスビルの二階で「１０００００ｔ」は日々営業を続けている。この「アローントコ」は移転後についた名前で、今は閉店してしまった大盛りで有名な洋食屋「グリルアローン」に由来し、新しい場所を「アローンの所」と言っている内にそれが定着したらしい。今では出張店として出町柳の名所「ナミイタアレ」に「ナミイターレ」がある。それ以外にもホホホ座のムードメーカーとして書籍出版に関わったり、「アートロックナンバーワン」の村松さんと二人で「京都レコード祭」を運営するなど、その活動範囲はどんどんと広がっていく。そんな加地さんの拠点である１０００００ｔアローントコの店内は、レコードがざっくりとしたジャンルに分けられ並んでいる。本も同じように細かいジャンルではなく、感覚で分けられている印象を受ける。最近ではネットでもレコードや本が簡単に探せるし、安価で手に入れることができる。それでも１０００００ｔを訪れる人は後を絶たない、それは何故だろう？

　店主の加地さんと話していると自ずとその答えは出てくる。加地さんが持つざっくばらんとした包容力は人を選ばず、万人を平等に包み込む。取材の時に加地さんはコンビニがやりたいと発言していたのが強く印象に残っている。誰でも利用できる便利で楽しい場所、１０００００ｔは確かにコンビニに近づいている。

住所：京都市中京区寺町御池上ル上本能寺前町 485 モーリスビル 2F
電話：090-9877-7384　営業時間：12:00 - 20:00　休み：ほぼ年中無休
地図：P122 D-2

個と場と服

[コトバトフク]

「衣食住」の中で衣について考えることが再びマイブームになっている。自意識が芽生え始めた一〇代にはファッション誌を穴があくほど熱心に読んで「お洒落な人になりたい」と少ないお小遣いの中でやりくりし、食も住も二の次だった。そのバランスが変わってきたのが二〇代後半、食べることが人一倍好きな自分は食へのウエイトが大きくなり、その分洋服への関心が薄くなっていたように思える。年齢や環境によってこの三つの割合が変わっていくのは至極当然のことだけど、自分が身につけるものについて改めて考えてみよう、そう思うきっかけを与えてくれたのが「コトバトフク」だった。

「コトバトフク」も入っている1／8ビルディングは、古いビルをリノベーションした二条城付近の新スポットである。

ファッションを真面目に批評する「ヴァニタス」編集長の蘆田裕史さんと大学講師の井上雅人さんというファッションに精通したプロフェッショナルなお二人と、専門学校でファッションを学んだ藤井美代子さんによって運営されるスモール・ショップには「作り手たちの顔」が見えるブランドが手に取りやすいすっきりとした配置で置かれている。国内にこんなに面白いブランドがあったのかと発見も多く、「futatsukukuri」も「コトバトフク」を通じて知った。シーズンごとにアイテムを入れ替えるのではなく、アーカイブを取り揃えることによってそのブランドの性格みたいなものに興味を持てるよう考えられている。消費が激しいファッション業界に一石を投じる存在として京都だけでなく日本全国から意識の高い人たちが集まってくる。「コトバトフク」という名前には「言葉と服」だけでなく「個と場と服」という意味が込められている。毎日着る服でわたしのアイデンティティも少しずつ変容している。その微かな変化についてコトバで表現し、誰かと共有してみたい。そのきっかけとして「コトバトフク」の扉をまた叩いてみよう。

住所：京都市中京区西ノ京職司町 67-15　1/8bldg. 4A（4F）
電話：075-802-8188　営業時間：12:00 - 20:00　休み：火曜・水曜（祝日営業）
地図：P122 E-4

心を結ぶできたておにぎり

[青おにぎり]

日本人のソウルフードであるおにぎり。あの海苔で巻かれたスタイルは江戸時代、元禄から引き継がれてきたものである。普段何気なく食べているこのおにぎりの究極のかたちが握り立ての「青おにぎり」のおにぎりである。浄土寺からほど近い、白川沿いに店を構える前はリアカーを引いて京都のあちらこちらでおにぎりを売り歩き、話題になっていた。店主である爽やかな男前のお兄さんは近所の子どもからも人気者で、彼らが描いた青鬼の絵が壁に沢山貼られている。それを眺めながら目の前で握られるおにぎりを待つ。メニューに並ぶ具の種類を見ているだけでお腹が空いてくる。普段はあまりお米を食べないわたしでも軽く三つはいける。シャケ、梅、おかかなど定番の具も押さえつつ、キーマカレーやネギ明太など変わり種も一つは食べたい。でもやはりここに来たら他の店には無いスペシャルな「赤鬼の身」と「青鬼の爪」は絶対に食べたい。「赤鬼の身」はコチジャン和えのスルメで甘辛の味付けが妙にご飯に合う。「青鬼の爪」はピーマンとジャコを鷹の爪でさっと炒め煮したもので、ピリっとした刺激が舌に残る。具のヴァリエーションが豊かなおかげで何度通っても飽きないし、サイドメニューにあるお味噌汁と共にいただけば、しっかりとした食事になる。「海苔がしっとりすると噛み切りづらくなるからすぐに食べてください。」美味しい瞬間を逃さないようにお客様一人一人へ丁寧にアドバイスしてくれ、おにぎりへのまっすぐな愛が伝わってくる。彼が人のためにおにぎりを握ろうと思ったきっかけ、それはある一冊の本との出会いだった。福祉活動家である佐藤初女さんの「おむすびの祈り」に影響を受けたと照れくさそうに語る様子は本当に素敵だった。大きな手でお米一粒一粒に命を吹き込むように心を込めて握られたおにぎりを食べると、もっと丁寧に生きなければと改めて考えさせられるのだった。

住所：京都市左京区浄土寺下南田町 39-3
電話：075-201-3662　営業時間：11:30 - 夕方 売り切れ次第終了　休み：月曜
赤鬼の身（180 円）、青鬼の爪（180 円）
地図：P123 I-1

魔法にかけられた雑貨屋さん

[sutekki]

阪急の桂駅で下車し、嵐山に向かう電車に乗り換える。上桂の駅に降り立つと「本当にこんなところに雑貨屋さんがあるんだろうか？」と不安になる。道を間違えないように携帯電話とにらめっこしながら歩くこと数分、バス通りに面して何とも不思議なお店が突如あらわれる。東京から京都に越してきてなかなかお気に入りの雑貨屋が見つからないと思っていた矢先に友人から教えてもらい、訪れたのがきっかけである。ガラスのドア越しに覗いてみるとそこにはルイス・キャロルの世界が広がっていた。音のならない古いオルガン、小屋のようなカウンター、仕切りの中に丁寧にボタンが並べられ、ぎっしりと詰まった棚。そこに並べられた遠い異国からきたモノたち。そこにあるだけで雄弁に自分たちの生い立ちを語ってくれるのを聞き逃さないように長い時間をかけてゆっくりと対峙する。「可愛い」という定番の台詞が口から出そうになるが、sutekkiの雑貨は可愛いだけではない。元々書店で働いていたオーナーのエリコさんがセレクトした大島弓子の漫画や音楽にまつわる本が雑貨の隙間をぬって置かれている。「可愛い」に潜むシュールさを大切にしているのがそのセレクトからも感じ取ることができる。sutekkiという店名は魔女の持つ魔法のステッキ（杖）からきている。一振りすればたちまちカボチャが馬車になってしまうようなミラクルは起こらないが、気付けば何時間でも滞在しているのはもしかしたらエリコさんの魔法のせいなのかもしれない。壁にかけられた操り人形や空飛ぶホウキ、ヴィンテージのリボンやファブリック。ありきたりな雑貨に飽き飽きしている女子は一度は訪れるべし。不思議の国のアリスのように驚きと感動がそこには待っている。

住所：京都市西京区松尾大利町 20-36

電話：075-874-2705　営業時間：12:00 - 19:00　休み：月曜、第二日曜、第四火曜

地図：P125 Q-1

アート・ホステルという新しい宿泊スタイル

[KYOTO ART HOSTEL kumagusuku]

知人が京都へ来る時に、自信を持って紹介できる宿がなかなか無くて苦労したことがある。せっかく来たのだからビジネスホテルだと味気ない。だからといって一泊数万円もするホテルも勿体ない。清潔感があってお洒落で、また京都を訪れたくなる。その条件を満たす宿がついにオープンした。

自身もアーティストとして作品を作り、講師として大学でも非常勤で働く矢津さん。海外に行こうか、それとも何か違う仕事を始めようかと悩んでいた時、沖縄のゲストハウスに泊まっていた矢津さんはひらめく。自分が今まで関わってきたアートとゲストハウスをドッキングさせることで「アートホステル」という今までにない場所を生み出した。

「クマグスク」という聞き慣れない名前は矢津さんによる造語である。希有な植物学者として知られる「南方熊楠（ミナカタクマグス）」に魅せられた矢津さんはその名前に沖縄の方言で城を意味する「グスク」をかけ、山の神様である熊、御神木の楠など多種の意味を含んだ名前を編み出した。

シンプルな中に強い美意識が隠された設計デザインはドット・アーキテクツによるもので、快適な時間を提供してくれる。日本のグラフィックデザイン界でも注目を集める原田祐馬さんによるロゴも美しく、矢津さんの築きあげてきた人脈、審美眼には感心するばかりである。

一階には「アートスペース アレ」という、「A・S・K」「工芸の家」と共同運営するイベントスペースを併設し、朝定食がいただけるキッチン、シャワールームがある。漆塗りの階段を上がるとキュレーターを迎えて作り出されたアート空間が広がっている。宿泊客はそのアートを体験しながら滞在できる。寝泊まりするだけの空間から一歩先に進んだ未来のホテルの姿がここにはある。

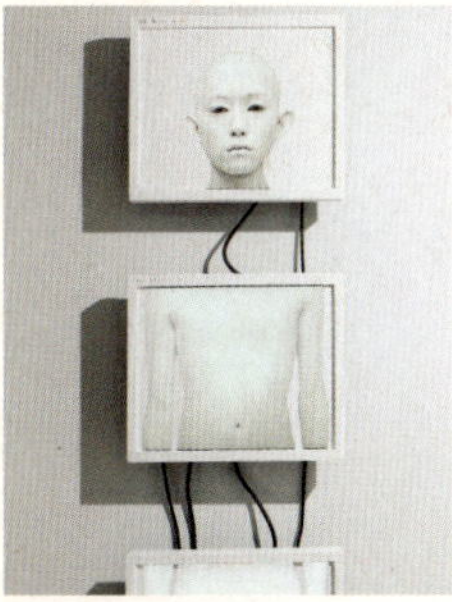

exonemo《Photoplasm》(2014)
写真：大西正一

住所：京都市中京区壬生馬場町 37-3

電話：075-432-8168　チェックイン：16:00 - 22:00 / チェックアウト：8:00 - 11:00　休み：無休

【ツイン】2 人 15000 円／ 1 人 8500 円　【シングル】7000 円　【ロフトツイン】2 人 13000 円／ 1 人 7500 円

【女性専用シェアルーム】（定員 4 名）1 人 5000 円【一棟貸切】50000 円（定員 9 名）※すべて税別

地図：P122 E-5

京都レコード屋事情

加地猛

京都のレコード屋が集結して行われる『京都レコード祭り』というレコード市が年に一度ございまして、これが他所のレコード市とはなんだか違った様子をしている。当然、おっちゃんだらけなんだが、若い人もけっこういて、中にはプレイヤー持ってないんですけどね、とか言いながらレコード買ってる女子大生や、子連れの親御さんまでいたりする。横では一日じゅうライブやレコード入門講座、子供ＤＪなどが行われている。なんというか、お客さんも含めてその場に集まっている人たちが、レコード市にしてはいろいろ過ぎる。だから祭りなのか。その日、主催である我々、京都のレコード屋は、とにかくレコードが飛ぶように売れるので、全員半笑いで忙しく立ち働きつつ、日頃の自店の繁盛を妄想するのでした。

現在、京都にはざっと二十五店のレコード＆ＣＤ店があり、他府県の

JETSET 本店

京都市中京区河原町通三条上ル下丸屋町410 ユニティー河原町ビル6F／電話：075-253-3530／営業時間：13:00 - 21:00／休み：無休／地図：P122 D-3

WORKSHOP records

京都市中京区三条通木屋町上ル上大坂町518-2 大久ビル4F／電話：075-254-6131／営業時間：13:00 - 21:00／休み：木曜／地図：P122 D-4

レコード好きが羨む絶滅危惧行為、〝レコード屋巡り〟をすることが、今でもさまざまに可能なのです。中古オールジャンル扱いの店が多く、いつどこで何が出るやもしれない油断のならなさ、スリルに満ちています。変な町です。

お客さんは各店を巡るうちにそれぞれお気に入りの店をいくつか見つけ、今日はこっちで明日はあっち。以下一例。まずは河原町三条JET SETで新譜のチェック。お、こんなレコード出たのかー、と発見。この近辺はレコード屋密集地帯、徒歩二分で木屋町三条WORKSHOP recordsへ。店主のN村さんは、それが好きならこういうのはどう?的な見立ての達人で門下生も多い。またいいの教わっちゃったなー。で、まだちょっと時間あるから100000tアローントコにでも寄ってみるかと魔が差し歩くこと五分。すると店のおっさんと客のおっさんが、映画の話をしている。あぶない刑事とかそういうダサい映画の話をうれしそうにしている。なんか、憐れだから二百円CDを一枚買っといてやるか。さ、帰ろっと。次回のレコ屋巡りはART ROCK NO.1からスタートだ!とかなんとか。

加地猛 *Takeshi Kaji*

古本＆レコード屋、100000ｔアローントコの店主。なぜかホホホ座の座員。一時、事情があって、変なイベントを連発して騒いでいたため、そういうことをするのが仕事の人だと思われがちな、ただの自営業者。

100000t アローントコ

P38〜39で紹介

ART ROCK NO.1

京都市中京区麩屋町通三条下ル白壁町442 FSSビル4F／電話：075-212-0113／営業時間：12:00 - 22:00／休み：無休／地図：P122 D-5

知る人ぞ知る小さなブティック

[Prince of Piece vintage]

魅力的な商店街が点在する京都。その商店街ごとにカラーがあり、ブラブラと歩いているだけで楽しい。その中でも「三条会商店街」は一〇〇年以上の歴史と約八〇〇メートル続くアーケードで、京都を代表する商店街として地元の人々に愛されている。その老舗商店街の中に一際輝くお店がある。

はるばるフランスからやって来たと言うエッチングガラスのドアを開けると、そこには商店街のガヤガヤとした雰囲気とは違う世界が広がっている。アメリカやフランスから集められたニットやワンピース、ブローチなどのヴィンテージのアイテムが所狭しと並ぶ。アンティークレースがポイントになったブラックのカシミア・カーディガン、レペット社の今は廃番になってしまったストラップ・パンプス、フランス製のノヴェルティー・キーホルダー、ロマンチックなリボンやボタン……誰かに愛されてきた歴史を持つ物たちが手に取る度に話しかけてくる。

ここを教えてくれたのは三条会商店街から少し北に行ったアトリエでネイルサロン「アクロマティック」を営むミヨちゃんだった。気さくで感性の鋭い彼女とは出会ってすぐに意気投合した。年齢も同じで、趣味も近いのもあって彼女には沢山アドバイスをもらっている。「可愛い古着のお店がなかなか見つからなくて。」という悩みもすぐに解決した。

冬前にはここでオフホワイトのゴム編みのカーディガンを購入した。わたしの定番アイテムのブラックのワイドパンツにも合わせやすく、ほかにも白シャツにホワイトのオーバーオール、その上に羽織ってオールホワイトのコーディネートを楽しんでいる。

古き良きもの、それを自分のワードローブに加えることで、日常がもっと豊かなものになると思う。良質で愛らしい洋服を次の世代に引き継いでいくためのターミナルとしてずっとこのお店がこの場所にあれば良いなと願っている。

住所：京都市中京区三条通大宮角姉大宮町東側 91-3
電話：075-801-8021　営業時間：13:00 - 20:00　休み：不定休
地図：P122 E-6

御所横で本場の台湾茶を召し上がれ

[Le Formosa & Formosa Tea Connection]

窓から御所をのぞく特等席に座り、一人ゆっくりと台湾茶を楽しむ。忙しさで心の余裕が失われている時こそ時間をかけて心を整えたい。茶狂いの友人とティティパットというティー・ユニットをやっているくらい好きなので、このお店はぴったりだった。

ブルーとホワイトを基調とした店内は西フランスの海辺をイメージし、一階のレストランでは新旧の台湾料理をベースに毎日食べたくなる美味しいご飯をいただける。二階に上がるとティールームがあり、日本ではなかなかお目にかかれない高級茶葉で淹れた香り高いお茶を堪能できる。

アンティークのガラス棚には幕末から昭和頃の日本で作られた茶器がぎっしりと並んでいる。そこから好みのものをピックアップし、それを元に茶壺や器をトータルで合わせてくれる。初めの一杯目は温度や淹れ方を教えてもらいながらいただけるので台湾茶初心者でも安心。二杯目からは自分のペースで何度もお湯を注ぎ足して心ゆくまで楽しんで。

住所：京都市上京区烏丸通椹木町上ル堀松町 414

電話：075-231-5507

営業時間：11:30 - 14:00、18:30 - 22:00（レストラン）、ランチ終了後 - 21:00（ティーサロン）

休み：月曜（1F、2F）・火曜（2F）

地図：P123 H-4

魅惑のグリーンルーム

[京都府立植物園]

賀茂川沿いをジョギングしていると植物園が見えてくる。この敷地にはどれだけの植物たちが生きているのだろう、そんな想像をするのが好き。京都府が運営するこの植物園は季節によって表情を変えていく。桜、バラ、紅葉、梅、綺麗な花が咲く季節には多くの人が訪れる。わたしはその人たちには混ざらず、いつもきまって正門からまっすぐに温室を目指す。

温室の中に一歩入るとじんわりと温かく、エキゾチックな芳香を感じる。天井に向かって大きく伸びるパームツリーとガラス越しに見える京都の空のギャップを楽しみながらグリーンが生み出す酸素を深く吸い込む。バオバブの木を発見し「星の王子様」のストーリーを思い返してみたり、植物の名前が書かれたラベルと植物を交互に見ながら歩いていると時間を忘れてしまう。ロンドンのキューガーデンの温室よりもずっと規模は小さいが、こんな身近に緑の楽園が存在していることがちょっと自慢である。

住所：京都市左京区下鴨半木町
電話：075-701-0141　営業時間：9:00 - 17:00　休み：12/28 - 1/4
地図：P124 K-2

メニューは「タンドリーチキン」のみ　[Section D'or]

老舗の居酒屋で、壁に貼られた沢山ある品書きを眺めながら何にしようか迷う時間はきわめて楽しい。その一方で、メニューが一つに限定されているのも潔くて好感が持てる。

疏水沿いに絶品のタンドリー・チキンを出す「セクションドール」がある。そのスタイリッシュな外観はぱっと見たところギャラリーやアトリエショップの様である。調理も給仕もすべて一人で切り盛りし、席数は限られているため予約は必須である。作り置きせず、注文を受けてからじっくりと焼き上げるため、美味しい匂いにお腹がきゅうきゅう鳴る。磨き上げられた銅板のテーブルに待ちに待ったタンドリー・チキンがさっと置かれる。黄金色に焼かれたチキンとカラフルな季節の野菜のコントラストは絵画の様に美しい。エキゾチックなスパイスの利いたチキンは初めて出会う味だった。

フランス語で黄金分割を意味する店名の通り、立地、インテリア、カトラリー、料理が完璧な案配で調和していて、拍手を送りたくなる。

住所：京都市左京区岡崎西天王町 84-1 M&M's APARTMENT 1F

電話：075-752-2249　営業時間：11:30 - 15：00 / 17:00 - 21:00　休み：火曜

タンドリーチキン（1900 円）

地図：P122 F-3

美味しいお菓子を連れて東から西へ　［てふてふ］

一日三食ケーキでも大歓迎な超甘党。美味しいお菓子のニュースを聞くと駆けつけずにはいられない。そんな中でもバターをたっぷり使った焼き菓子にわたしは目が無い。東京から京都に活動の拠点を移した越川夫妻、奥さんの陽子さんは「てふてふ」としてお菓子を作り、旦那さんは「えちがわのりゆき」として漫画やイラストを描いている。目尻が下がった優しい二人の柔らかい笑顔があまりにもそっくりで、夫婦というより双子みたいなのが面白い。町家を改装しオープンした「てふてふ菓子店」ではオーガニックのオートミール、ひまわりの種やベリーがミックスされたお手製グラノーラ、クッキーやタルト、スコーンが並ぶ。口の中でほろほろと崩れるスノーボールはかすかにローズマリーの香りを残し消えていく。クリームが美味しい生ケーキはオーダー限定で、一口含むと陽だまりの中にいるような幸せな気持ちになる。だから特別な日には「てふてふ」のケーキと決まっている。

住所：京都市北区紫竹下園生町 38-10
電話：非公開（メールのみ mail@echigawayoko.com）　営業時間：11:00 - 18:00　休み：不定休（金曜・土曜営業）
苺ときび糖クランブルの焼きタルト 直径 12cm（1100 円）
地図：P124 K-3

パンを肴にほろ酔い気分 [Germer]

和のイメージが強い京都だが、実は日本一のパン消費量を誇る。街を歩けばパン屋の多さに気付かされる。そこから自分好みの店を選び抜き、京都人はそれぞれに「美味しいパン屋さんリスト」を持っている。食パンは「進々堂」、クロワッサンは「ル・プチメック」、パニーニなら「グランディール」……パンの種類でも店を使い分ける。こんなに沢山候補があるのに、ワインや食事に合わせるパンと言われた時にはここ「ジェルメ」一択になる。シェフ岡本さんは朝早くからパンを焼き、日中はディナーの仕込みをする。決してアクセスの良い場所ではないが、ひっきりなしに美味しいパンを求めてお客さんがやってくる。バターたっぷりで口溶けの良いクロワッサンにはファンも多い。パンは料理に添えられるだけの脇役になりがちだが、ここではパンが主役だ。こだわりの素材を生かした肉、魚料理と食べるパンは絶品である。究極は「パン＋オリーブオイル＋塩」。これだけでワインが驚くほど進む。

住所：京都市左京区浄土寺西田町 3
電話：075-746-2815　営業時間：13:00 - 22:00（LO）　休み：月曜、第四火曜
クロワッサン（240 円）、ランチは予約のみのミニコース（1500 円）
地図：P123 I-2

カウンターでお一人様焼き肉 ［大詔閣《だいしょうかく》］

一〇年にわたるヴェジタリアン生活に終止符を打つきっかけとなった店が木屋町にある。三条から木屋町を下がった路地に光る赤提灯が目印で、年季の入った引き戸を開けると、コの字型のカウンターでモクモクと煙を上げながらビールを片手に肉を焼く人たちに出会える。店内にはテレビがあり、お一人様でも臆することなく焼肉を楽しめる。まず席に着き、壁にずらりと貼られたメニューの紙札を眺め、はじめに瓶ビールを頼んで今日はどんなコースで攻めようか戦略を立てる。一人だからどんな品を頼もうと自由だし、目の前の小さなガスコンロで自分のペースで食べられる。注文すると、タレの辛さを聞かれるので、まずは普通でお願いする。手際良く肉を切ってタレに絡める店員の手つきをカウンター越しに眺め、期待に胸を躍らせる。塩派の人もここではタレ派に転身してしまうほど、ビールにもご飯にも合う特製タレで食べるロースは美味しい。肉に抵抗があった自分も、気付けばすっかり肉党に変わってしまった。

住所：京都市中京区河原町三条下ル大黒町 71-18
電話：075-212-8929　営業時間：17:00 - 26:00　休み：月曜
カルビ（830円）、ロース（1230円）
地図：P122 D-8

なつかしくて 新しい紙

[聚落社《じゅらくしゃ》]

渋谷でお店をやっている時に作家のセキユミさんのテキスタイルのような封筒を見て以来、何だか気になる存在だった聚落社。京都へ移住の際にはここに訪れるのがちょっとした夢だった。工房見学をお願いしたところ快く引き受けていただいた。嵐電に揺られ到着した山ノ内駅。聚落社を一人で切り盛りする矢野さんに案内され中に入ると、斜めになった机がレーンになって並んでいる光景が目に映る。大阪で生まれ育った山ノ内さんは社会人をやめ、自分のやれることを模索しながら布染めの世界に飛び込んだ。一年間経験を積み、その時の出会いが出会いを呼び、今の工房へと辿り着いた経緯を聞きながら、工房に並ぶ紙を眺める。手で刷ったとは思えないほど均一に刷られた紙たち。色ムラが出やすい紙染めは布染めよりも更に高度な技術が必要で、習得するまでには苦労も多かった。矢野さんはそう話しながら、目の前でどんどんとスキージを手際よく動かしながらプリントしていく。二〇一〇年からこの聚落社をスタートし、京都だけでなく日本各地に自ら足を運び、手作り市などに出店するやり方でその活動の幅を広げてきた。作り手が営業をすることで、作品の魅力を完璧に伝えることができる。デザインも矢野さんによるもので美術の学校などにも通わず、すべて独学だと言うから驚いた。「天ぷら」や「枝豆」、「落花生」、「ビスケット」などその響きだけでもお腹がすいてきそうな、ユニークなものばかり。他では出会えないデザインがこの工房から生み出される。「目の前のお客さんとの対話が答えをくれる」。丁寧に行程を話してくれるまっすぐな眼差しがとても印象的だった。湿度や温度に左右される印刷工程だが、矢野さんの熟練の腕で均一にプリントされた紙や布が並ぶ様子は何時間でも眺めていたくなるほど壮観である。伝統を守る京都では和柄を刷る工房がほとんどだが、聚落社はその伝統を良い意味で壊している。同じ柄でも色の組み合わせによって雰囲気が変わり、その面白さもまた魅力である。

住所：京都市右京区山ノ内大町 2-1 山地染工所内 1F
電話：075-821-3255
店舗営業無し

ヤングでヒップな新スナック［みず色クラブ］

「お店やってみない?」ガールズトークの延長線上みたいな軽いノリで同じ大学に通う三人は集まった。その思い付きを後押ししてくれる存在もあり、気付けば物件も決まっていた。限りある予算の中で、自分たちの手で改装し店は完成した。甘酸っぱい響きが魅力の「みず色クラブ」という名前は谷本（通称マリリン）さんが昔住んでいた紫野でたまたま見かけた少年野球チーム「むらさきクラブ」から転じて名付けられたものである。「お酒のある場所の雰囲気が好き。」そんな三人に共通するのは八〇年代感。路地裏に怪しく光るネオン管はスナック風、店のマスコット・キャラクターとなっているコアラは最年少メンバーの延命さんのお気に入り。昭和のブティックで飾られていそうなセーターを着る森田さん。昭和のアイドルのレコードや、ヤンキー絵画の権化クリスチャン・ラッセンのジグソーパズルが飾られた店内でお手製の家庭料理をつまんでいると、みんなでちゃぶ台を囲んでいるみたいで居心地が良い。

住所：京都市左京区新丸太町通仁王門下ル新丸太町 50
営業時間：17:00 - 売り切れ次第終了（月～金）、11:00 - 売り切れ次第終了（土・日・祝）
休み：不定休　電話：090-2069-0822
地図：P122 D-6

NEW KYOTO

基準薬局

あけぼの薬局
基準薬局

受診しましょう
桂中学校
京都市学校用務研究会
京都市学校用務研究会

世界文庫
sekai bunko
Art,
Books,
Cafe,
Design

the CRAFTS of MODERN WORLD
THE CRAFTS OF THE MODERN WORLD

chil
outside

NEW
KYOTO

アートな大人のケーキ ［ビゾンフュテ］

一見、寿司ネタが並んでいそうなガラスケース、そこに並ぶのは宝石のように輝くケーキたち。

京都駅南、あまりにもさりげない外観に見過ごしてしまいそうな「ビゾンフュテ」は珍しいカウンタースタイルのケーキ屋である。独創的で見た目にも麗しい個性豊かなケーキたちは実のところ熊本の知る人ぞ知る名店「シュマン・ダンフィニ」と同じレシピで作られている。フランスで修行した北園万里子さんが生み出したケーキは今までのケーキの概念を覆してくれる。円柱のミントムースをチョコレートのダックワーズ生地で挟んだ「ラダン」はチョコミント好きにはたまらない。煎茶のクレープにメイプルのクリームをクルクルと巻いてレンガの様に並べた「ピロー」。「バジリック」はバジルをとじ込めたムースで、ホワイトとグリーンのコントラストはまるで抽象画の様。カウンターは常連客のみの特等席。お酒を持ち込んでケーキを楽しむ常連客にいつか混ざってみたい。

住所：京都市南区西九条池ノ内町 96-3
電話：075-691-9848　営業時間：12:00 - 22:00　休み：水曜
ラダン（520 円）、ピロー（520 円）
地図：P121 A-2

スタイリッシュな コロッケ専門店

[西冨屋コロッケ店]

四条河原町の人混みから抜け出し、南に下っていく。交通量の多い河原町通に面しながら、ひときわ異彩を放つスマートな外観に道行く人々が足を止め、ガラス越しに何のお店かと覗いていく。店内はバーカウンターと大きな樽のテーブル、そして揚がる前のコロッケ未満のタネたちがぎっしりとお行儀よく並んだガラスケースのみのすっきりとした空間で、このお店の主役はコロッケだということが一目で分かる。注文が入る度にコロッケを揚げる。揚げたてじゃないコロッケは西冨家の精神に反するらしい。以前はイートインは週末の夜だけのお楽しみだったが、最近ではランチもスタートし、自家製ハムや野菜がふんだんに盛られた「コロッケプレート」、コッペパンにコロッケとゆで卵がのった夢のような「コロッケパン」が食べられる。コロッケパンってジャンクな響きだけど、西冨家のコロッケパンはひと味もふた味も違う。夜は夜でコロッケとビールという黄金コンビを楽しむことができる。コロッケの種類は季節によってラインナップが変わるが、まずは「プレーン」を。中級者は「バジル」「ブルーチーズ」「スモークサーモンとディル」、上級者にはちょっと変わり種の「豚の生姜煮」や「ドライフルーツとウォールナッツ」がお薦め。黒板に書かれたメニュー表を見ているだけで胸が高鳴ってくる。

コロッケの醍醐味は何と言っても「買い食い」スタイルだろう。揚げたてのコロッケを手に足早に鴨川へと向かう（既に鞄の中にはビールがしのばせてある）。まだあつあつのうちに川の水が南へと流れていくのを眺めながらコロッケを頬張る。ポテトとひき肉のうまみが爽やかな油の風味と一緒に口の中で広がる。日常の悩みも吹っ飛んでしまう至福の時間がそこにはある。

住所：京都市下京区河原町松原下ル植松町 735
電話：075-202-9837　営業時間：11:30 - 20:00、ランチ 12:00 - 15:00、18:00 より酒場営業（金・土）休み：日曜
プレーンコロッケ（170 円）
地図：P121 B-3

四条木屋町で楽しむDIYライフ

[ナミイタアレ - kaikan]

京都の中でも左京区だけは独立国家なのではと思うことが多々ある。あまりの居心地の良さに一ヶ月間左京区から一度も出ていないという人もざらにいる。造形大、精華大、京大、同志社大……学生時代に京都へやって来て住み着いてしまう人も多い。どこか村的なムードが漂うこの土地のパワースポットになっているのが出町柳駅すぐのナミイタアレである。

レンタサイクルのエムジカと連動し、自転車を修理したり、誰かが喫茶をやっていたり、オーナーの柴山さんがウクレレ教室をやったり、なんでもありなフリースペースとして左京区の面白い人たちが集まる憩いの場となっている。左京区の超有名人である柴山さんは元々は「ちぇるしい」というロックバンドのメンバーとして破滅的でロックな人生を送っていた。しかし、骨折を機に「ロックバンドをこのまま続けていたら死ぬ。」と思い引退。貸し自転車屋でアルバイトをしている内に気付けば雇われる側から雇う側になっていた。エムジカが軌道に乗るようになり、「ナミイタアレ」を作り、その奥の建物も借りることになり、「出町柳文化センター（通称ＤＢＣ）」と名付け、最初に作ったナミイタアレの建物を「ganso」とした。そして柴山さんのやる気がさらに爆発し、左京区から飛び出し、繁華街である下京区の四条木屋町に「kaikan」を作ってしまった。

レンタサイクル、立ち飲み、相談室など左京区ブランドをそのまま持ってくることでより多くの人を巻き込んで色々なイベントができるようになった。京都で何か面白いことをしたい人は、ただ漠然としたアイデアでも、柴山さんに聞けば良いアドバイスがもらえるはず。「おじいちゃんになるまで女子大生と戯れながら自転車を貸そう。」そんな風にスタートしたレンタサイクル・エムジカは気付けば一大プロジェクトに発展し、これからも多くの人を巻き込んで大きくなっていくのだろう。柴山さんにはこれからもずっと現役で頑張って欲しい。

住所：京都市下京区木屋町通四条下ル斎藤町 140-9

電話：070-5267-8219

営業時間：レンタサイクル 9:00 - 20:00、その他営業時間は店舗による　休み：不定休

地図：P121 C-1

猫と音楽に出会えるカフェ

［喫茶ゆすらご］

京都の好きなところ。鴨川や山の景色、美味しい珈琲が飲める純喫茶、古書店、レコード屋、そして歴史あるライブハウス。「拾得」、「磔磔」、「メトロ」などのライブハウスには日本全国、時には海外からもミュージシャンがやってくる。ステージ上でアンプリファイズドされたライブも好き。でもそればかりだと飽きてしまう。アコースティックでローファイなライブも楽しみたい。そんな時には「喫茶ゆすらご」がまず頭に浮かぶ。

チェリストとして一目置かれる黒田誠二郎さんと奥さん、そして二匹の猫が「喫茶ゆすらご」のオーナーである。築一〇〇年以上の町家の引き戸をガラガラと開け、玄関で靴を脱ぐ。知り合いの家に遊びに来ているみたいで「お邪魔します〜」とつい言いたくなる。カウンターと座敷でゆっくりとくつろぎながら黒田さんが淹れてくれた珈琲と奥さんお手製のガトーショコラをいただく。

「喫茶ゆすらご」を誰かに説明する時にわたしはきまって「あの緑色のお店」と言う。珈琲カップ、昭和の椅子、食器棚、座布団、電話、ランプシェード、看板、果ては奥さんの呼び名までもがグリーン一色！　あまりに緑色が好きすぎて「翠娘＝みどりこ」と呼ばれるようになり、今ではそれが定着してしまった。翠娘さんはいつも素敵な緑色のお召し物を身につけている。明るくておしゃべりが楽しい翠娘さんが作るグリーンカレー（ここでもやはり緑！）も人気がある。

月に何度か開催されるライブイベントに色んなタイプのミュージシャンが集まり、時には「喫茶ゆすらご」でやらせてもらえないかとミュージシャン側からリクエストが来るほど熱く指示されている。けっしてアクセスが良い場所ではないけれど、座敷に置かれた足踏みオルガンを弾く「ゆすらごオルガンナイト」は、わざわざ訪れて音楽を楽しむ価値がある。可愛い看板猫たちはマイペースにお客様のご来店をお待ちしております。

住所：京都市上京区仁和寺街道七本松西入ル二番町 199-1

電話：075-201-9461　営業時間：12:00 - 22:00　休み：不定休

グリーンココナツカリー（850 円）

地図：P125 N-2

絵本で無邪気な心を取り戻す

[メリーゴーランド京都]

誰かの誕生日だったり、記念日だったりプレゼントを選ぶときにその人の顔を想像しながら本を選ぶのが好きだ。そんな時に必ず訪れるのがメリーゴーランドである。

本店は四日市にあり、京都店が入るレトロな佇まいの寿ビルディングにはミナ・ペルホネンが入っているのもあって乙女な女性たちのメッカとなっている。メリーゴーランドはその最上階にギャラリーを併設し、詩集、文芸書、雑貨など絵本と一緒に並べている。ギャラリーでの展示は関西随一のクオリティーの高さでいつも感心させられる。

鉄道が大好きな二歳になる甥のクリスマスプレゼントに絵本を選ぼうとメリーゴーランドを訪れた。まだ小さいので難解なストーリーよりは簡単なものを、というリクエストにてきぱきと絵本を数冊選び出し、一冊ずつ説明してくれた。その中から仕掛けが付いた汽車の絵本を購入した。その説明からは絵本に対する深い造詣と愛情が感じられて、提案してくれた絵本全部が欲しくなるほどだった。

子どもの頃、わたしの家では誕生日やご褒美に買って貰えるものは絵本と決まっていた。今思えばそれは本好きの母のエゴだったのかもしれない。小さいながらにこだわりがあり、林明子さんが絵を手がけた本は特にお気に入りだった。メリーゴーランドで再び「こんとあき」「きょうはなんのひ?」に出会った時、懐かしさで胸がいっぱいになった。大人になって読み返してみるとまた違った発見があることにもメリーゴーランドに通うようになって気付かされた。

大人になると現実的なことばかりが気になって子どもの頃に抱いていた夢や無邪気な遊び心を失ってしまいそうなのが怖い。できることなら責任感があって、それでいて子どもも心も兼ね備えた大人になりたい。

メリーゴーランドに一歩足を踏み入れるだけで、わたしは無邪気な少女の頃にタイムスリップすることができるのだ。

住所：京都市下京区河原町通四条下ル市之町 251-2 壽ビルディング 5F
営業時間：11:00 - 19:00　休み：木曜　電話：075-352-5408
地図：P121 C-2

マイ・ベスト・タマゴサンド ［喫茶サン］

西と東の玉子サンドの違いに気付いたのは京都に移って大分経ってからである。ゆで玉子がマッシュされた玉子サラダではなく、オムレツの様な玉子焼きが挟まったサンドウィッチを初めて食べた時は衝撃だった。分厚い玉子が強烈な見た目の洋食屋「コロナ」の玉子サンドを引き継いだ「喫茶マドラグ」も人気店だが、その厚み故に大口を開けないといけない。

祇園の細い路地からさらに一つ奥まった場所にあるため、知る人ぞ知る存在となっている「喫茶サン」。ここの玉子サンドは今のところわたしのナンバーワンの玉子サンドとして不動の地位を築いている。半熟の部分を残した玉子に薄くスライスされたキュウリがパンに挟まった姿は無駄が無く、端正で美しい。隠し味のカラシがピリっと利いた大人の味である。ひっきりなしにかかる電話は祇園のクラブからの出前注文らしく、カウンターの上へ山のように積まれたな玉子焼きが、気付けば空になっている。

住所：京都市東山区祇園町北側 342 河原ビル 1F

電話：075-551-3038　営業時間：19:00 - 26:00　休み：日曜・祝日

玉子サンド（800 円）

地図：P121 C-3

歴史ある旅館を音楽サロンに [きんせ旅館]

京都の中でも特に古い歴史を持つ島原はかつては嶋原と呼ばれる花街として栄えていた過去を持つ。現在でも当時の建物は保存され、石畳が敷かれた細い道を歩きながらその風情を楽しめる。二五〇年という長い歳月を経てこの「きんせ旅館」は島原の中で生き続けている。かつては御祖母様が旅館を営んでいたが、二〇年近く前に廃業して空家状態となっていたのをオーナーは引き継いだ。

帳場として使われていたエントランス、随所にはめ込まれたステンドグラス、和洋折衷の美しい内装の趣を残しつつ、朽ちて劣化していた椅子は張り替え、キッチン、バーカウンターは元の空間に溶け込むように考え抜かれて作られている。一日一組限定で宿泊することも可能で、カフェバーは宿泊客以外でも利用できる。

週末にはバンドやＤＪをいれてイベントが開催され、音楽好きが集まるサロンに変貌する。ある日曜日の昼下がり、ジャズの生演奏を聴きながら、この空間で飲むビールは至極の味だった。

住所：京都市下京区西新屋敷太夫町 79
電話：075-351-4781
営業時間：15:00 - 22:00（宿泊の場合：チェックイン 15:00 / チェックアウト 11:00） 休み：火曜日
地図：P125 O-1

NOTE 《 京都土産のアイデアノート 》

旅の思い出と一緒に持ち帰りたくなる京都土産を新提案。

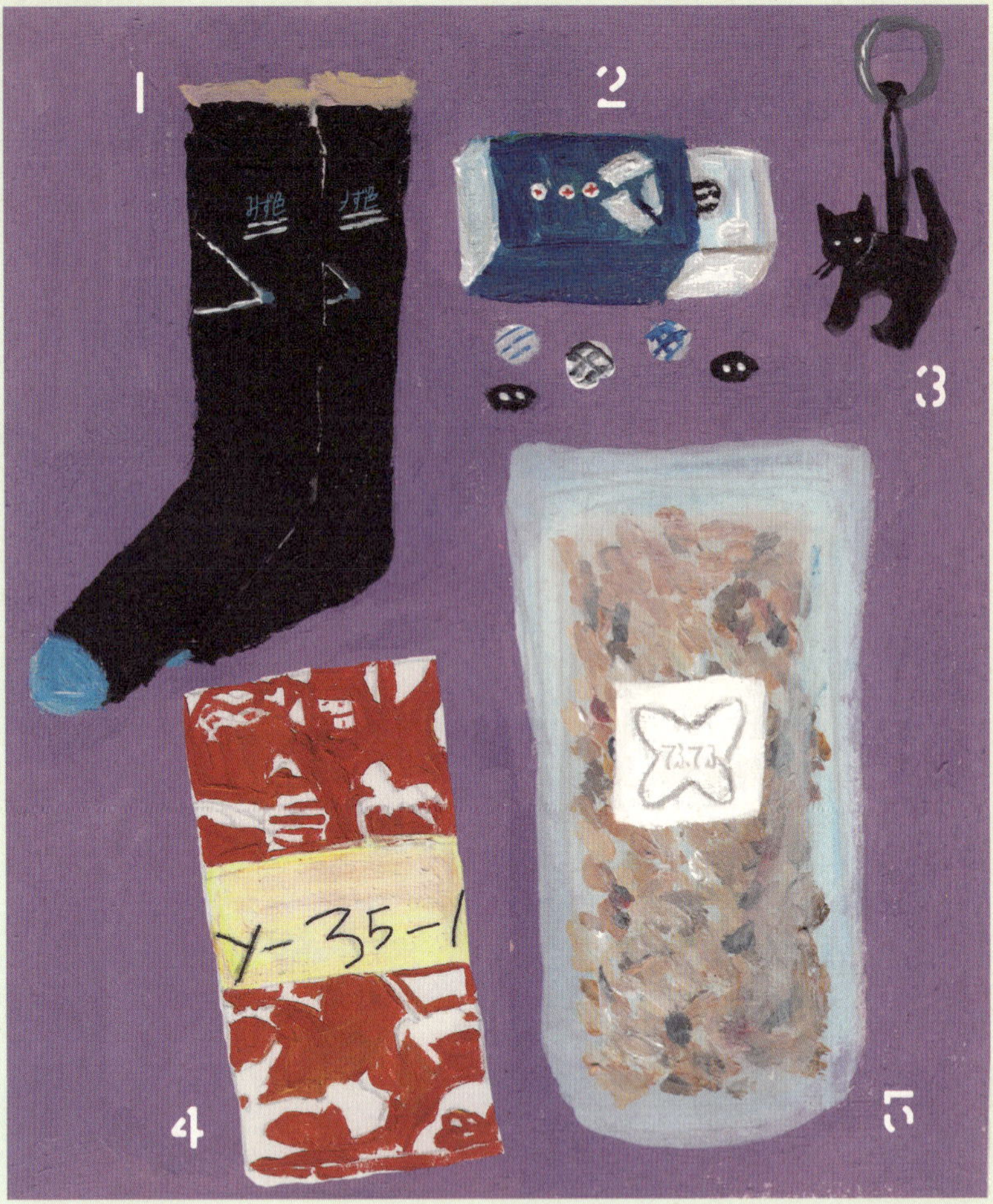

FOR GIRL

1. みず色クラブ "靴下"
台湾の10 more socksメイドのオリジナル靴下。路地に輝くあのネオンを思い出させるシンプルな可愛らしさ。(1100円／住所:P.60／地図:P122 D-6)

2. モリカゲシャツ "くるみボタン ボックス入り"
モリカゲシャツオリジナルの生地の端切れが使われた、くるみボタン。パッケージのマッチ箱もグッドデザイン。(1620円／住所:P.32／地図:P123 H-2)

3. efish "キーホルダー"
efishの看板にも描かれている黒猫をキーホルダーに。本革が使われたシックなデザインは甘過ぎないクールなあの子へ。(1728円／住所:京都市下京区木屋町通五条下ル西橋詰町798-1／地図:P121 B-4)

4. メリーゴーランド京都 "オリジナルてぬぐい"
メリーゴーランドの絵画造形教室に通う子ども達のイラストをてぬぐいに。(1080円／住所:P.78／地図:P121 C-2)

5. てふてふ "グラノーラ"
毎日の朝食が楽しくなる手作りグラノーラはミルクやヨーグルトと一緒にたっぷり召し上がれ。(850円～／住所:P.55／地図:P124 K-3)

＊価格は全て税込み価格です。

KYOTO SOUVENIR IDEA

FOR BOY

1. BENCINY “CHOCOLATE BAR”
パッケージも味もパーフェクトなチョコレートバーは甘党男子へ。(1200円〜／住所:P.14／地図:P122 F-1)

2. miepump coffee shop“Coffee Beans”
少量ずつ丁寧に焙煎した珈琲豆は試飲しながら選べる。西淑さんによるパッケージもシンプルでクール。(550円／住所:P.96／地図:P123 I-6)

3. イノダコーヒ “コルク製コースター”
イノダコーヒの暖簾にも描かれている獅子やトレードマークであるケトルがプリントされたコースター。京都駅の店舗でも入手可能なのでお土産の買い忘れの時にはこちらを。(150円／[本店] 住所:京都市中京区堺町通三条下ル道祐町140／地図:P122 D-7、[ポルタ支店]住所:京都市下京区東塩小路町858-1(京都駅前地下街ポルタ内／地図:P121 A-3／京都市内に他店舗あり)

4. yamane daisuke “Animal Brooch”
一つ一つハンドメイドで作られる木製の動物ブローチはどれも良い表情でつい何時間も迷ってしまう。(1500円／住所:P.16／地図:P121 B-1)

5. Kit Gallery×恵文社 “オリジナルトート”
原宿Kit Galleryと恵文社がコラボレーションしたトートバッグ。本好きのあの人へ。(2160円／住所:P.12／地図:P124 J-1)

卓上のサーカス!

[Subikiawa食器店 本店 コビト会議]

わたしたちは毎日何かを食べたり、飲んだりする。そのための器がもし全てSubikiawa食器店のものだったとしたら人生は何一〇〇倍も楽しい。一人の女性の手によって作られるオリジナルの食器たちは京都だけではなく、日本中にファンがいる。初めは京都の色々な手作り市や雑貨屋に卸したりして食器を販売していた。その後、京大にほど近い「カクテル&珈琲ＭＩＣＫ」（残念ながら現在は閉店している）の押し入れの中で不定期に「真夜中食器店」をオープンしていた。アトリエ兼ショップ「コビト会議」が完成したのは二〇一〇年、Subikiawa食器店を始めてから五年が経っていた。一つずつ手作りのため、量産は出来ない。わざわざ店に来てもらって商品が少なかったら悲しいからという理由で週に一回のペースで開店し、それ以外の日はコツコツと製作している。

　ウェブサイトに掲載された「コビト会議」の開店日に合わせてはるばるやって来るお客さんも多い。思文閣会館から鞠小路通を南に下って行くと小さな二階建ての一軒家にフランス語で「Les Verres De Subikiawa」と書かれた建物が見えてくる。窓にはカラフルなチュールが飾られ風でフワフワと揺れている。天井にはミラーボールが回り、花が咲く。蛍光ピンクのテーブルを埋め尽くすようにグラスが並んでいる。

　鳥、リボン、足、ネギ、とりとめのない言葉。可愛いモチーフだけでなく不思議なモチーフも混在しているのがSubikiawa食器店の魅力。ポップで可愛らしいカクテルグラスやプレートは光を受けてカラフルに輝く。その個性豊かな食器たちをテーブルに並べれば、たちまち「卓上のサーカス」が出現する。

住所：京都市左京区吉田牛ノ宮町 27-20
電話：非公開　営業時間：12:00 - 18:00　休み：不定休
地図：P123 I-3

自家製ソーセージとマッシュポテトの
ゴールデンタッグ

[THE GREEN]

何かに煮詰まった時、考えごとをする時、京都御所はそんな時に決まって向かう場所だ。気持ちが落ち着いて、小腹が空いたら御所を寺町通に北に向かって歩いてここを訪れるのが定番コースになっている。背の高いカウンターが印象的で、大きな黒板には好奇心がそそられる名前が並んでいる。そのメニューや内装からそこはかとなく英国帰りの店主のセンスが感じられるが、押し付けがましくなくとても心地いい。何を食べようかと迷いながらも、結局は「自家製ソーセージ」の誘惑に負けてしまう。ランチに頼むとクリーミーなマッシュポテトと爽やかなキャロットラペ、カリッと焼かれた薄いパンと共にやってくる。ぎっしりと肉が詰まったソーセージはお行儀良くナイフで一口大に切り口に運ぶ。ハーブがふんだんに使われ、野性味溢れる味は一度食べたら病み付きになる。ちょっと遅い昼食にはベーコン添えのパンケーキも推薦したい。

住所：京都市上京区寺町今出川下ル扇町 281-1 パレスハイツ 1F

電話：075-211-7786　営業時間：11:30 - 24:00（LO 22:00）（月～土）、12:00 - 17:00（日）　休み：不定休

自家製ソーセージプレート（ランチ 1000 円 / ディナー 1500 円）

地図：P123 G-1

自分好みの手織り寿し

[AWOMB]

京都に来たら何を食べよう?フォトジェニックで美味しくて思い出に残るもの。イノダコーヒの「ビーフカツサンド」にしようか、グリル富久屋の「フクヤライス」も捨て難い、それとも豆寅の「手まり寿司」にしようか、いやいややっぱりここは志る幸の「利休弁当」にしよう。選択肢が多くてなかなか決められない京都ご飯。ガッツリ食べたい男子には不向きかもしれないが、あれもこれも食べたい女子の友人たちにはいつもこの「手織り寿し」をお薦めしている。

北白川からお店の集まる蛸薬師通と新町通が交差する角に建つ町家へとお引っ越しした「アウーム」。絵の具が載せられたパレットの様に京都ならではの材料を使った具材が並び、その美しさに歓声があがる。その具材を丹波産のコシヒカリを炊き上げたご飯、ぱりっと焼かれた海苔の上に乗せ、小さな刷毛で醤油を塗って、手のひらサイズの巻き簀でくるっと巻くと手織り寿しが完成する。その行程がママゴトみたいで楽しい。具材はそれぞれに調理されているが、ゲランドの岩塩、クリームチーズ、赤味噌、一味、金胡麻、黒胡椒などを後のせすることで自分好みにカスタマイズできる。

黒胡麻のお麩にクリームチーズ、レモンバームが添えられたおあげさんにはシンプルに塩を振りかけてみたり、具材と調味料の組み合わせや配分で味の可能性は無限大に広がっていく。カレー風味のマッシュポテトにローズマリーの組み合わせは一見ミスマッチにも思えるが実際食べてみると目から鱗の美味しさだった。

しゃっきりとした歯ごたえや、スパイスの香り、目にも鮮やかな手織り寿しは五感を刺激してくれる。次はどの具にしようか、どの薬味と合わせようか、迷う楽しみもある。気がつけば皿の上に綺麗に並んでいた具材達は消え、すっかりお腹も心も満たされていた。

住所：蛸薬師新町東入ル姥柳町 189

電話：075-204-5543　営業時間：12:00-15:00（LO）18:00-20:00（LO）　休み：不定休

地図：P122 E-7

落語とおでん

［ 屯風 ］

初めて屯風を訪れたのは随分前のことである。記録的な大雪にみまわれた正月に、東京から京都への旅行で連れて来られたのがきっかけである。東京でも噂に聞いていたオーナーのとんぺいさんが振る舞う「ブリ大根」の美味しさは衝撃で、冬が待ち遠しくなるほどである。関東風の味になれていた自分も出汁の美味しさに目覚め、わたしの中で京都のスタンダードとなった。京大生が多く住む百万遍から聖護院へと移転をし、夜遅くまで営業していたスタイルを変え、昼の五時から夜一一時過ぎまでとなった屯風。お造りやおでんなど、とても良心的な値段で美味しいお酒と楽しめるとあって、開店すぐから常連客がひっきりなしにやってくる。壁に貼られたメニューの紙を眺めながら次はどれを食べようかと迷うのもまた愉しい。「ほんやら洞」や「惑星アオイ」など京都の人でもなかなか知らないディープな場所で経験を積み、独立したとんぺいさんの武勇伝を聞くだけでもお酒がすすむ。とんぺいさんは料理だけではなく、落語家としても活動し、その時の快活でキリッとした表情は屯風のキッチンに立つ朗らかな笑顔のとんぺいさんとは違った魅力がある。とんぺいさんのおかげで落語の面白さを知ったというお客さんも多いことだろう。粋なとんぺいさんとの会話を楽しみたい客たちがカウンターにずらりと並ぶ。熱々のおでんや絶品唐揚げを堪能し、〆にマグロの漬けと揚げたての天かす、大葉を散らした丼をいただくのが鉄板。ほろ酔いの頬を夜風がひんやりと冷ましながら家路につく。何度も訪れて常連になりたい、そんな店である。

住所：京都府京都市左京区聖護院東町 1-2
電話：075-751-5240　営業時間：17:00 - 22:30（LO）　休み：日曜
地図：P123 I-4

アンティークの山で宝探し ［ 70Bアンティークス ］

家具や雑貨を選ぶ時、いつの年代に作られ、どんな場所からやってきたのか、その「モノ」にまつわるストーリーを知りたいと思う。そんなわたしが秘密にしておきたい特別な場所がある。ビルの地下に広がる「70Bアンティークス」はイギリス、ベルギー、フランス、オランダなどヨーロッパの各地とアメリカから買い付けられてきた家具や食器、照明、アート作品、工業デザインの製品などがざっくりと置かれている。そのあまりの物量にクラクラしながらも掘り出し物に出会うためにじっくりと時間をかけて店内を探検する。一〇〇坪ある倉庫から週に五日のペースで商品が運ばれてくるので、来る度に新しい発見がある。

スタッフ皆がアンティークのエキスパートなのも頼もしい。インテリアのアクセントとして置きたいアルファベットのオブジェや企業の看板など、日本国内ではなかなかお目にかかれない珍しいモノもお手頃価格で手に入るのが何より嬉しい。

住所：京都市中京区三条通高倉東入ル桝屋町 53-1 Duce Mix ビルディング B1F
営業時間：11:00 - 20:00　休み：不定休　電話：075-254-8466
地図：P122 D-9

MY FAB KYOTO

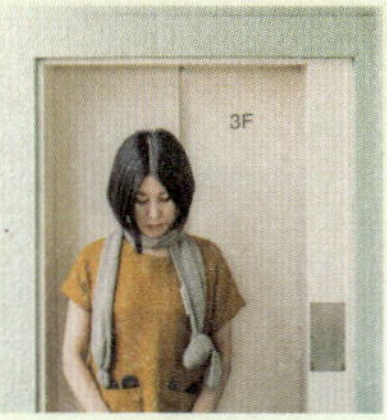

甲斐みのり *Minori Kai*

文筆家。大阪の大学を卒業後、数年を京都で過ごす。旅、散歩、お菓子、手みやげ、クラシックホテルや建築などを主な題材に、書籍や雑誌に執筆。六曜社・奥野美穂子さんとの共著など、京都案内の著書も多数。

《 京都の好きなたてもの 》

☞ わたしの好きな京都スポット

駒井家住宅

京都在住時に訪れ、“たてもの”に興味を抱くきっかけに。毎週金曜・土曜に見学が可能。京都大学名誉教授・駒井卓博士の元邸宅で、昭和2年にヴォーリズ建築事務所が設計。内と外で色が違うドアノブに注目を。

京都市左京区北白川伊織町64／電話：075-724-3115／営業時間：10:00 - 16:00、受付は15:00まで（金・土のみ）／休み：月曜～木曜・日曜 、夏季・冬季休館期間あり／地図：P124 J-2

ウェスティン都ホテル京都

「都ホテル」としての歴史のはじまりは明治33年。京都の迎賓館としての地位を築き、憧れの対象に。現在の本館と、別館「佳水園」は、村野藤吾の設計。本館のエントランスや螺旋階段の可憐さたるや。

京都市東山区三条けあげ／電話：075-771-7111／チェックイン：15:00、チェックアウト：11:00／地図：P122 F-4

京都大学楽友会館

大正14年に京都大学創立25周年を記念して京都大学工学部建築科助教授森田慶一氏が設計した、瓦葺スパニッシュ・ミッション様式の建物。柱や照明、ステンドグラスなどの装飾が美しい。館内の食堂でランチができる。

京都市左京区吉田二本松町／電話：075-753-7603／食堂営業時間：11:30-16:30（夜は予約制）／休み：月曜・日曜・祝日／地図：P123 I-5

祇園甲部歌舞練場

毎年4月に開催される、舞妓・芸妓さんによる舞踏公演「都をどり」の会場。京都在住時、裏口前の料亭「祇園にしむら」で働いており、思い入れも深い。城・寺・劇場を融合させたような特殊なつくり。

京都市東山区祇園町南側570-2／電話：075-561-1115／営業時間：見学自由（外観のみ）、都をどりは12:30～、14:00～、15:30～、16:50～／休み：無休／地図：P121 C-4

のばら珈琲

六曜社の奥野美穂子さんに教えていただいたコーヒー店。西陣の細い路地の奥に佇み、扉の向こうは物語の世界のよう。ほの暗い和洋の室内に、アンティークの調度品や小物が配され、一部購入もできる。

京都市上京区蛭子町655／電話：075-406-0274／営業時間：10:00 -18:30／休み：月曜・火曜／地図：P125 L-4

高山大輔 *Daisuke Takayama*

京都・荒神口かもがわカフェ店主&珈琲焙煎職人。
かわいい女の子にめっぽう弱い。たまに歌も歌ったり。

《 私のルーツのお店 》

六曜社地下店

約15年以上毎週通い続けている僕にとってなくてはならないお店。マスター奥野修さんは、僕のあらゆる面での師匠でもある特別な存在。修さんの珈琲をいただくことは僕にとって愛すべき日常であり、至福のとき。

京都市中京区河原町三条下ル大黒町36／電話：075-241-3026／営業時間：12:00-24:00（B1F）／休み：水曜（1F）、無休（B1F）／地図：P122 D-10

yúgue

どこに飲みにいくか困ったときはだいたいいつもyugueに辿り着く。左京区的なゆるさと、独自のセンスが唯一無二の存在感を放つ。休日の夜はまったりお酒をいただくのが僕の定番。

京都市左京区下鴨松原町4-5／電話：075-723-4707／営業時間：だいたい昼過ぎ - だいたい23:00（要電話）／休み：不定休／地図：P124 J-3

Année

僕には２歳になる娘がいるのだけど、週に1回はモーニングに出かけて二人の時間を過ごすのが癒しの時。モーニングをやっているカフェが意外と少ないなかよく訪れるのがAnnee。パン職人のオーナーが作るクロワッサンは絶品！

京都市中京区姉小路室町西入ル突抜町139 プリモフィオーレ1F／電話：075-222-0517／営業時間：10:00 - 20:00／休み：木曜・日曜／地図：P122 E-10

酒陶 柳野

まだ20代だった頃の僕にマスターとしての佇まい、距離感、そしてワインの醍醐味を教えてくれたのが柳野。マスターの所作は無駄がなく色気を感じさせ、もし僕が女性だったら間違いなく恋におちているだろうと妄想してしまう……。

京都市下京区三条通新町西入ル釜座町33／電話：075-253-4310／営業時間：18:00 - 26:00／休み：木曜／地図：P122 E-9

喫茶la MADRAGUE

店主の山崎三四郎裕崇さんとはかもがわカフェを始める前に約３年間一緒に働いていたいわば戦友。喫茶文化を愛し、後世に残していこうという彼の姿勢はとても共感する部分であり、僕も大切に思っていることの一つ。

京都市中京区押小路通西洞院東入ル松屋町706-5／電話：075-744-0067／営業時間：11:30 - 22:00／休み：日曜／地図：P122 E-8

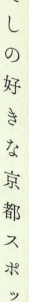

MY FAB KYOTO

畳野彩加 *Ayaka Tatamino*

1991年12月1日生まれ。石川県出身、京都在住。
Homecomingsのヴォーカル・ギター、作詞・作曲を担当。
好きな食べ物はあんかけ焼きそば。

《 私を虜にする洋食屋さん 》

わたしの好きな京都スポット

グリル宝

私が大学生の頃、毎週のように通っていた洋食屋さん。このお店には「チキンコルドンブル」という夢のようなメニューがある。チキンの間にハムとチーズが挟まっているのですが、もう一……言葉はいりません！

京都市左京区岩倉大鷺町525／電話：075-722-7461／営業時間：10:30 - 20:00／休み：不定休／地図：P125 M-1

キッチンパパ

お米屋さんが経営する洋食屋さん。なんてったって米がうまい。しかもおかわりし放題。農家の娘としては米のうまさは重要なのです。こんなお店が近所にあるなんて幸せです。もちろんハンバーグもうまい。完璧。

京都市上京区上立売通千本東入ル姥ヶ西町591／電話：075-441-4119／営業時間：11:00 - 14:30、17:30 - 21:30／休み：木曜／地図：P123 G-2

浅井食堂

お気に入りの洋食屋の中でも最新スポット。ボールみたいにまん丸で、ぎっしりと詰まった浅井食堂ハンバーグ。箸で切ろうとすると肉汁がじゅわじゅわっと溢れてくる。残ったソースをご飯にかけて食べるのがお楽しみ。

京都市左京区下鴨松ノ木町43-1 富山コーポ1F／電話：075-706-5706／営業時間：11:00 - 15:00（LO 14:00）、17:30 - 23:00（LO 22:00）／休み：月曜・第四火曜／地図：P124 J-7

レストラン 巴里

私が最近大注目している洋食屋さん。日替わりランチ850円のクオリティの高さ。味が立体的で上質な洋食が味わえるのです。お店のおじさんは少しおちゃめさんで憎めない。可愛いコックさんの看板が目印。

京都市上京区下立売通衣棚東入ル東立売町203-2 グリーンハイツ マリヤ1F／電話：075-411-1150／営業時間：11:30 - 14:00、18:00 - 21:00／休み：無休／地図：P123 H-5

レストラン 亜樹

外観も見るからに美味しそうな洋食屋さん。メニューがすごく豊富なので毎度私を迷わせてきます。だけど毎回B定食なんだなー結局。ここのポークソテーが大好きなんです。列並んででも食べちゃいます。

京都市下京区四条通室町西入ル月鉾町47／電話：075-231-8957／営業時間：12:00 - 14:30、18:00 - 21:00／休み：日曜・祝日／地図：P122 E-11

鷹取愛 *Ai Takatori*

鴨川五条「本と紙のお店homehome」店主。左京区カフェギャラリーprinzでイベントや展示の企画をしています。個人ではopantoc名義でアクセサリーを作っています。

《 私の、会いに行きたいお店 》

Soil

店主が北欧や様々な国で買い付けて来た古いものを売っているお店。男子目線のかっこいい雑貨のとなりにちょこんと並ぶ、宝物のような小さい道具や人形達を「ええやろ」とニコニコ説明する姿が最高のお店です。

京都市左京区北門前町476-1／電話：090-2357-0574／営業時間：12:00 - 19:00／休み：水曜・木曜・不定休（仕入れ時期）／地図：P122 F-5

ちせ

「ちせ」とはアイヌ語で「お家」。家族3人が店主であり、それぞれが彫金と器とジャムを作っている。その他にもセンスの良い作家の雑貨が並ぶ。ドアを開けるといつも安心の笑顔があり思わず「ただいま」と言ってしまいます。

京都市左京区北白川別当町28／電話：075-746-5331／営業時間：11:00 - 18:00（平日）、11:00 - 19:00（土・日・祝）／休み：木曜／地図：P124 J-4

やまのは　珈琲と髪

2Fは髪を切るところ。3Fはおいしい珈琲を淹れてくれます。2つ合わせて「やまのは」。そこには、いつも緑があり、空があり、笑顔がある。当たり前にあるようでなかなか難しい、小さい幸せが詰まっている。大好きな夫婦のお店です。

京都市左京区田中里ノ前町8 2F/3F／電話：075-712-8568／営業時間：15:00 - 21:00（喫茶）、12:00 - 21:00（美容室）／休み：月曜・不定休／地図：P124 J-5

miepump coffee shop

おおきい山がどかんと見える窓辺に、ちいさい席が3席。静かなビルの3Fに珈琲豆販売所があります。丁寧に大切に珈琲を淹れてくれるのですが、店主が淹れた珈琲はとてもすっきりしていてそれがまた良いのです。

京都市左京区浄土寺馬場町71 ハイネストビル36号／電話：090-3937-9954／営業時間：13:00 - 19:00／休み：火曜〜金曜／地図：P123 I-6

Volver

ケータリングを中心として、目にも楽しいお野菜を使い、色の実験のようなご飯をつくるVolver。そのご飯は気品があって、口に入れただけで幸福が広がる笑顔のご飯。不定期にさまざまな場所で開店するレストランに足を運ぶと、毎回感動の嵐が巻き起こります。

電話：非公開（メールのみ）／詳細はHP（http://shishikuramegumi.com）を参照

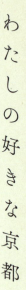

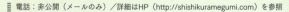

MY FAB KYOTO

丹所千佳 *Chica Tanjo*

1983年、京都生まれ。大学時代より7年間を東京で過ごし、ふたたびの京都暮らし7年目。会社勤めの編集者。たまに文筆や選書も。ウェブサイト「みんなのミシマガジン」で、私的京都案内「よろしな。」連載中。

《 美しい抒情に胸おどるお店 》

☞ わたしの好きな京都スポット

torinouta

目に入るものすべてにときめく、いい香りに満ちた空間。やわらかな素材や色のお洋服、天然石のアクセサリー、古楽器のＣＤ……。たとえほかのお店でも売られているものでも、ここで手に入れたいと思うのです。

京都市中京区丸太町通御幸町西入ル毘沙門町533 松屋ビル301（2015年6月頃に北大路に移転予定）／電話：075-213-3912／営業時間：12:00 - 18:00／休み：月曜・火曜（不定休）／地図：P123 H-8

mycetozoa 微細陳列室

アンティークの素材を用いた装飾品「mycetozoa」のアトリエは、静謐で美意識に満ちた小宇宙。19世紀の植物図鑑の紙を加工するなど、細やかに手をかけられたアクセサリーは、大切に集めていきたいものばかり。

京都市左京区田中上柳町21 鴨柳アパートメント0号室／電話：非公開／休み：不定休（月数回営業）／地図：P124 J-6

銀月サロン

北白川疏水のほとり、古いアパートメントの一室で開かれる予約制の中国茶会は、季節の折々に欠かせません。趣向を凝らしたしつらいに、マダムが流麗に淹れる中国茶と、季節のお菓子や自家製点心をゆったり楽しむひととき。

茶会の詳細はHP（http://gingetsusalon.com）で確認

プティ・タ・プティ

京町家の中は、パリの屋根裏部屋のよう。オリジナルのテキスタイルを使った布小物やステーショナリーは、贈り物にも喜ばれます。京都の山並みを思わせる柄「レ・モンターニュ」は、そこに込められた思いも素敵です。

京都市中京区寺町通夷川上ル藤木町32／電話：075-746-5921／営業時間：11:00 - 18:00／休み：木曜／地図：P123 H-7

London Books

京都きっての観光地・嵐山の駅前にある古書店。明るく入りやすい店構えに、整然と見やすい書架が長居を誘います。京都にまつわる本や手軽な文庫本から、ガラスケースに収められた稀覯本まで取り揃う幅広さも魅力。

京都市右京区嵯峨天龍寺今堀町22／電話：075-871-7617／営業時間：10:00 - 19:30／休み：月曜・第3火曜／地図：P125 P-1

星を売る店

［ ラガード研究所 ］

ジョナサン・スウィフトの『ガリバー旅行記』を読んだ人ならば、このラガードという名前にピンとくるはずだ。そこで書かれているラガード学士院では「キュウリから太陽の光を取り出す研究」、「氷を焼いて火薬を作る研究」など日々ナンセンスな研究が続けられている。その名前をストレートにとって良いのか、皮肉にとらえて良いのか、店主の淡嶋さんの飄々とした表情から読み取ることは難しい。

京大がある百万遍から白川に向かう坂の途中、道に看板が出ていないので見落としてしまいそうなビルの三階にラガード研究所は存在する。うっすらと明かりが灯る店内に入ると、時間軸がねじ曲がってしまったような感覚に囚われる。床のきしむ音が響く店内には淡嶋さんが何処からか収集してきた物たちが無作為に並んでいる。シャーレに閉じ込められたタンポポの綿毛、天文写真のフィルム、真空管、石、歯車そして地球儀。ここに集まる数奇なる古物たちの用途は不明である。そもそも用途なんてものはないのだから当然である。古物たちの背景にある「何か」を熱心に研究する淡嶋さんの言葉に耳を傾けているだけで時間は刻々と過ぎていく。名もない物を日本では「名無しの権兵衛」と呼び、英語では「Ｊｏｈｎ Ｄｏｅ」（ジョン・ドウ）と呼ぶ、そんなことを知るきっかけをあたえてくれたのもラガード研究所である。

外国から郵便でやってきた古い箱に魅了され、淡嶋さんは箱の研究を始めた。形も大きさも様々な箱は蠟引きされ良い具合に風化していく。その箱に何を入れようかと考えながら喫茶室の壁の黒板に描かれたディスカッションの数式を眺める。その考えは宙にふわりと浮くばかりで答えは出ない。稲垣足穂の『一千一秒物語』に収められた「星を売る店」がもし実在していたらまさにこんな店だっただろう。わたしは密かにいつかラガード研究所で「星屑金平糖」に出会えるのではないかとワクワクしている。

住所：京都市左京区北白川久保田町 60-11
電話：非公開　営業時間：12:00 - 19:00　休み：月曜～木曜
地図：P123 I-7

一見さん歓迎なゲストハウス

［ パンとサーカス ］

時間に余裕がある時は京都駅からバスに乗り河原町通を北上していく。地下鉄だと移動時間は短縮できるけれども、何だか味気ない。古い建物と新しい建物がミックスされた景色を窓から眺めていたら、五条でイギリスの近衛兵と目が合った。サーカスのネオンが光るその建物がゲストハウスだと知ったのはそれから数日後である。弁慶橋のある五条は今でこそ西富屋や五条モール、つくるビルなどアトリエやショップが集まる場所となっているが、以前はカフェのefishが唯一存在するエリアだった。ここ数年でゲストハウスが増え、日本人だけでなく、外国人観光客もレンタサイクルに乗って京都を満喫している。そんな五条に二〇一一年に誕生した「パンとサーカス」はゲストハウスでもただのゲストハウスではない。ニューヨークでゲストハウス「ムーン・パレス」を運営しながらアンティーク家具のバイヤーをするオーナーと老舗呉服屋のオーナーの二人が築一〇〇年以上経つ質屋を改装し、ゲストハウスが誕生した。日本家屋の趣を残す建物の中に無造作に置かれたアンティーク家具はニューヨークで掘り出してきたもの。ジャンクかつエレガントな家具たちが醸し出す不思議な魅力。町家を改装したゲストハウスは数多くあれど、こんな独特なセンスを持った所はほかには無い。

　一泊三千円という破格な値段もとても魅力的。長期で泊まる場合には更に割引があるとのことなので、住むように京都滞在を楽しみたいという人には最高の宿である。

　このゲストハウスの最大の魅力は一階エントランスにある夜限定のバーである。宿泊客以外も利用できるとあって、ここのセンスを愛する地元のアーティストや外国人旅行者が集まり無国籍なサロンとして機能している。一人旅には何とも心強いゲストハウスである。「一見さんお断り」な京都ルールが「パンとサーカス」では良い意味で破られている。

住所：京都市下京区河原町通五条上ル安土町616

電話：080-7085-0102　チェックイン：15:00 - チェックアウト：11:00　休み：無休

地図：P121 B-5

選りすぐりのクラフトビールで乾杯

[BUNGALOW]

京都で美味しいお店を訊かれると頭に色々なリストが浮かび上がってくる。その人がお酒を飲むか飲まないかでリストは違ってくる。もし飲むのが好きな人であれば、このバンガローは外せない。最近ではクラフト・ビールを提供するお店も増えているが、店の雰囲気、料理などビールを楽しむための必要条件がパーフェクトに揃った京都でも随一の店である。常時一〇種類を取り揃え、樽が変わるごとに銘柄が変わるので一週間もするとそのラインナップはがらりと変わる。四条堀川という人通りの多い街中でありながら、とっても風通しが良い店内で飲むビールはいつも飲んでいるビールよりも喉越しが爽やかに感じる。日本各地にあるブルワリーの中から五〇社ほどに絞るのは店長の矢田さんである。実はこのバンガローがオープンするずっと前から矢田さんが経営してきた音楽レーベルに個人的に思い入れがあったので、提案するものが音楽からビールに変わってもインディペンデントでアンダーグラウンドなこの感覚が変わっていなかったのが嬉しかった。二階はテーブル席なので人数が多ければ着席で、二人くらいであればカウンターで美味しいご飯をつまみながらビールで喉を潤す。色々な銘柄を楽しみたいからハーフパイントで飲み比べてみるのも楽しい。パテやポテトサラダ、ステーキやフィッシュアンドチップス。毎日キッチンで焼かれるパンも美味しい表情をしている。こんなお店が日常にあるのはとても贅沢だと思う。今まではビールと言ったら瓶ビール、それが定番だったわたしもこのバンガローで樽から注がれるビールの美味しさについ「ビールってこんなに美味しかったっけ?」と驚いてしまった。自分と同じ反応が見たくてまた次もお薦めしてしまう。

住所：京都市下京区四条通醒ケ井柏屋町 15
電話：075-256-8205　営業時間：15:00 - 26:00　休み：火曜
ビール（600 円～）
地図：P122 E-12

文化を発信する書店が集結

[ホホホ座]

開店から一一年という時間の流れを感じさせないのは、店長の山下さんのフリーダムで漂流するような姿勢が「ガケ書房」という本屋に反映されているからなのかもしれない。造形大学からほど近いところにあった「ガケ書房」は左京区の象徴的な本屋だった。わたしがガケ書房に出会ったきっかけは友人の中でも強烈なキャラクターであるパウロ野中（占い師）がガケ書房の一角で選書をしているのを確認しに行ったのがきっかけだ。「だいたいこんな感じです」と書かれた店内の見取り図を参考にしながらぶらぶらと店内を彷徨ってみた。アバウトな店の雰囲気と少々尖り気味の本たちのズレが良いなというのが第一印象だった。

「ガケ書房が移転するらしいよ。」という噂が色んなところから耳にはいってきたが、ただ店の場所が移転するのではなく、店の形態や名前も変わってしまうという事実に驚いた。その潔い決断を下した山下さんの人柄に関心を持つようになった。

山下さんに移転の話を詳しく聞くチャンスがあり、「ガケ書房」が「ホホホ座」の一部となることは自然な成り行きだと思えた。この「ホホホ座」とは古書と雑貨の店「コトバヨネット」の松本さん、早川さん、「１００００ｔ」の加地さん、そして山下さんが自然と集まり二〇一二年に結成された。ホホホ座は編集、企画団体としてマイペースに活動していたが、ホホホ座の本として出版された『わたしがカフェを始めた日。』が反響を呼び、二、三冊目の企画も立ち上がり、編集、出版に本腰を入れてやろうという山下さんの気合いが「ガケ書房」の移転へと繋がった。元々「コトバヨネット」が入っていた浄土寺のハイネストビルに移転し、「コトバヨネット」と「ガケ書房」が合体。「ホホホ座」は編集だけでなく書店として一階に新刊、二階に古本と雑貨をメインに販売する計画が進んでいる。「店のコンセプトは地域のオリジナルお土産屋。本に限らずオリジナル商品を作りたいと思ってる」。山下さんの言葉の端々にこれから始まる「何か」への意欲がにじみ出ていた。

住所：京都市左京区浄土寺馬場町 71 ハイネストビル 1F ／ 2F
電話：075-771-9833（2F）営業時間：11:00 ～ 20:00（1F）、11:30 ～ 19:00（2F）休み：元旦（1F）、不定休（2F）
地図：P123 I-8

憧れの人のセンスを盗みに

[Kit]

その人が選んでいるものだけでなく、生き方も好き。わたしは「個性的でありたい。」と思うタイプの人間だが、そういう人を見つけるとついそのセンスを真似したくなる。

丸太町河原町のバス停の斜め前、通りを挟んで「モリカゲシャツ」が見える立地に「Ｋｉｔ」が開店したのは二〇一二年のこと。お店には店長の椹木さんが選んだものが並んでいる。一見クールだけど、実は可愛いものが大好きな女性で、彼女が以前働いていた店で選ぶ生活雑貨のセンスの良さに小さな憧れを抱いていた。そんなことを本人には気恥ずかしくて言えないので、今ここで思い切って告白する。

椹木さんは八年間、恵文社一乗寺店に併設する生活館で雑貨セレクトを担当してきた。本屋のスタッフとして働き始めたが、自分には店長の堀部さんや他のスタッフみたいに本に関する知識や興味が薄いと思い、雑貨へとシフトしていく。気付けば工芸品や古い食器に魅せられ、長年働いた恵文社を離れ自分の店を持つことに。好きなものを露店のテーブルに並べるように、あちらこちらに置かれた色んな国の物たち。ルールが有るようで無い、無いようで有る不思議な空間。耳を澄ませばそこに置かれた食器やリネンの息づかいが聞こえてくる。棚にざっくりと置かれた「イブル」は椹木さんが心惹かれ続ける韓国の隠れた名品で、綿が入ったカラフルな布団は居間にラグとして敷いたり、ベットカバーとしてさっとかけたり、色の組み合わせも楽しめて何枚でも欲しくなる。

丁寧に作られた工芸品、工場で作られたプロダクト、国も年代もジャンルもバラバラ。それらを絶妙なセンスで混ぜ合わせる彼女にわたしはこっそりラブコールを送り続ける。

＊二〇一五年三月末に店舗は移転予定。前店舗から歩いて三分ほどの寺町通と河原町通の間にお引っ越しします。

京都市上京区新烏丸通丸太町上ル信富町 299
営業時間：11:30 - 19:00　休み：無休（臨時休業あり）詳しくは HP（kit-s.info）を参照
地図：P123 H-9

見晴らしの良いビストロ

[Les Deux Garçons]

パリで食べたステーキの衝撃は今でも忘れられない。フランス語もまともに話せないまま、友人と入ったビストロ。片言で注文し、ギャルソンがテーブルに運んできた牛肉はまだ血が滴っていた。野性味に抵抗を感じながらも、フランス人の味覚を体験できた喜びもあった。

格式張ったレストランではなく、気軽にぶらっと入れるビストロが京都には点在している。木屋町には「オンズ」、京都市役所裏には「ブション」、現在はテイクアウトのみのお店だが味に定評のある「ル・フジタ」などカジュアルだけれど味は本格派なお店が多く、日常的に利用している。そこに加わったニューカマーはフランス人がシェフの超本格ビストロ「Les Deux Garçons（レ・ドゥ・ギャルソン）」である。チェックのテーブルクロスに大きなペーパーナプキンが敷かれその上に丸々一本のバケットが置かれる。それを豪快にちぎりながら料理といただく。本国式のもてなしに期待は高まる。ここに来たら絶対に食べて欲しいのは自家製のシャルキュトリーの盛り合わせ。プレートの上には鶏レバーのムース、豚バラのリエット、フォアグラに甘みたっぷりの自家製タマネギジャムを乗せたバケット、田舎風パテなどがたっぷりと盛りつけられている。ディジョンマスタードを付けて頬張れば口の中に肉本来の甘みが広がる。アクセントとして添えられたピクルスは店長の長谷川さんお手製。いくらでも食べられそうなほどシンプルに美味しい。アラカルトで色々頼めるので、何人かでシェアすると更に楽しい。メインに添えられるポテト・グラタン、デザートのレモンタルトやブリュレ、パリのビストロに負けてない美味しさ。それは沢山の都市で一〇代から修行を続けてきたフランクさんの料理の腕の良さを、的確なアドバイスで長谷川さんが引き伸ばしているから。二人の男の子（＝Les Deux Garçons）のコンビネーションの良さこそこのお店の魅力である。

住所：京都市左京区下鴨上川原町 3

電話：075-708-7500　営業時間：15:00 - 25:00（月〜金）、11:30 - 15:00 / 18:00 - 25:00（土・日）　休み：木曜

シャルキュトリー盛り合わせ（2400 円）

地図：P124 K-4

今夜も粋に酔う

[アテ屋 明《あ》ヶ《け》粋《す》ヶ《け》]

「粋」という言葉の響きが好きだ。行動一つ取ってみても「粋」なのか「無粋」なのかはとても重要である。そんなことを考えるようになったのは大人になってから随分と時間が経ってからだと思う。その思いは年々強くなっている、泥酔して人様に迷惑をかけるのは論外だが、どれくらいの量をどのくらいのペースで飲むのが「粋」なのか誰も教えてはくれない。

　京都市役所から押小路を西に進む夜道に柔らかいオレンジ色の光がボウッと浮かび上がっている。「明ヶ粋ヶ」という聞き慣れない言葉が描かれた看板を目印に地下に潜ると、ウナギの寝床のように長い空間があらわれる。オーナーのナツコさんの美味しい料理をアテにお酒を楽しもうと、夜な夜な人々が集まってくる。デザイナーにレコード屋、わたしのようにお店をやっている人など職種も年齢もバラバラ。店主のナツコさんは持ち前の明るさでそれを一気にまとめ上げ、人を繋いでいくプロフェッショナルである。

　アテはその日によって違うので、「今日は何があるかな？」と考えながら階段を下る。ピリ辛の枝豆をアテに一杯目はビール、二杯目はハイボール、三杯目は自家製の梅酒、そしてまたハイボール。途中でポテトサラダを追加し、アテとお酒がどんどんと連鎖して終わりが見えない。グリーンカレーやお饂飩を入れたおでんなどもあるので、お腹が空いている時も心強い。

　店主ナツコさんが音楽好きなのもあって、店の奥にはＤＪブースが設置されている。毎日ではないが、時々誰かがそのブースに入ってＢＧＭ係を担当している。良い音楽も立派な酒のアテである。

　夜遅くまで開いているのでハシゴ酒をした最終地点として利用することも多いのだが、このカウンターに座っているわたしが「粋」な顔をしているか、今度ナツコさんに聞いてみようと思う。

住所：京都市中京区押小路通麩屋町東入ル橘町 611 ヴァインオーク B1F

電話：075-744-1307　営業時間：19:00 - 26:00　休み：水曜

地図：P122 D-11

SPRING

ピンク色に染められた古都

春の桜、秋の紅葉の時期は京都の二大観光シーズンなので沢山の人が京都を訪れる。春はピンク色に染められた京都の街並、川沿いの美しさに観光客だけでなく地元の人々も心躍る。

3月下旬から4月いっぱいにかけて桜のシーズンを迎えるが、建仁寺や平野神社など桜が美しいと言われる神社やお寺は人混みも激しく、桜をゆっくり眺めてもいられない。マイペースで桜を楽しむのならば賀茂川沿いの桜をお薦めする。出町柳のデルタ地帯から北西に延びる賀茂川は歩道も広く、桜の咲く河原を自転車で颯爽と走りながら春を感じることができる。京都市内の真ん中に位置するⒶ「京都御苑」では広い敷地に咲き誇る桜を眺めながらピクニックをする人たちの姿も。徒歩圏内にドーナツの店「ひつじ」（P.36）もあるので、ドーナツ片手に桜を鑑賞するのも乙である。大文字山の麓の疎水に沿って約1.5㎞続くⒷ「哲学の道」は数百本の桜がトンネルのようになっているので、かつてここを歩いた哲学者たちのことを想像しながら散策するのも楽しい。

FOUR SEASONS IN KYOTO

DATA

Ⓐ京都御苑　住所：京都市上京区京都御苑3

Ⓑ哲学の道　住所：京都市左京区、白川疎水通沿い

SUMMER

暑さもふっとぶ楽しい行事が目白押しの夏

独特の蒸し暑さで京都の夏は敬遠されがちだが、わたしはこの季節が一番好き。なぜなら楽しい祭が多いから。世界遺産となっている下鴨神社の糺ノ森で開催されるⒶ「下鴨納涼古本まつり」では沢山並ぶブースをくまなく巡れば、時に思いがけない掘り出し物に出会える。夏の風物詩となっているⒷ「鴨川の納涼床」は予約が必須だが、鴨川を眺めながら飲む日本酒の美味しさは格別。納涼床の店々の灯りは鴨川沿いから眺めると、川面に反射してとても幻想的なので一度は体験して欲しい。

京都の街が一年で一番盛り上がるⒸ「祇園祭」では山鉾（屋根に槍のような長い鉾、松の木を乗せた車輪付きの種類豊かな屋台の飾り物）を順繰りに眺めながら露店を楽しむ。烏丸からスタートし、四条堀川に流れ着いた先にはクラフトビールの店「BUNGALOW」（P.102）があるのでゴールのご褒美にまたビールを頂く。大文字焼きで有名なⒹ「五山送り火」を鑑賞したり、楽しいイベントごとが多い夏は気付けばあっという間に過ぎてしまっていて、終ると少し寂しい。でもそんな夏が好き。

FOUR SEASONS IN KYOTO

DATA

Ⓐ下鴨納涼古本まつり　下鴨神社 糺ノ森
住所：京都市左京区下鴨泉川町59　期間 毎年8月二週目火～土曜日

Ⓑ鴨川の納涼床　住所：鴨川沿い、五条大橋～二条大橋間　期間：5月～9月

Ⓒ祇園祭　住所：京都市東山区祇園町、三条河原町～四条堀川エリア　期間：7月1日～7月31日

Ⓓ五山送り火　8月16日（京都市内各地から鑑賞可能）

AUTUMN

京都の歴史を知る時代祭

紅葉の季節になると京都は再び観光客でにぎやかになる。この時期にしか楽しめない光景の一つにⒶ「高台寺のライトアップ」がある。光を受けて池に映る紅葉は吸い込まれそうな美しさで心が洗われる。時間に余裕があるならば、出町柳駅から叡山電車に乗り込み、Ⓑ「くらま温泉」を訪れるのもお薦め。立ち寄り湯として宿泊客以外も利用できるので、紅葉を眺めながらゆっくり湯に浸かっていると日々の身体の疲れがほぐれていく。鞍馬天狗がプリントされたタオルはお土産に。10月22日に開催されるⒸ「時代祭」は春の葵祭、夏の祇園祭と並んで京都三大祭として知られている。平安神宮から京都御苑に向かって続く時代行列が名物。平安時代から明治維新時代までを8つの時代に分け、それぞれの時代の衣装に身を包んだ約2000人による大行列は歴史好きでなくても見ているだけでワクワクする。

紅葉以外にも萩や菊なども美しい季節なので、Ⓓ「梨木神社の萩まつり」で奥ゆかしいその美しさを堪能した後は、京都御苑や寺町通をぶらぶらして過ごすのもお薦め。

FOUR SEASONS IN KYOTO

FOUR SEASONS IN KYOTO

DATA

Ⓐ高台寺のライトアップ

住所：京都市東山区下河原町八坂鳥居前下ル 下河原町526

期間：10月下旬〜12月初旬

Ⓑくらま温泉

住所：京都市左京区鞍馬本町520

Ⓒ時代祭

期間：毎年10月22日に開催、当日は交通規制もあり

Ⓓ梨木神社の萩まつり

住所：京都市上京区寺町通広小路上る染殿町680　期間：9月下旬

WINTER

福豆で一年の運を占う

底冷えする寒さで、12月になると今出川通より北に行くと雪がちらつく日が増える。雪が積もった日には足下が悪くても訪れたい場所がいくつかある。雪化粧が施された金閣寺などはため息がでるほどに美しい。寺や神社以外でのお薦めはⒶ「同志社大学今出川キャンパス」である。学生気分でキャンパス内を歩けば、国の重要文化財にも認定された同志社礼拝堂、クラーク記念館など、時代を経て風格を増してきた煉瓦造りの建物たちが目の前に現れる。雪の白色と煉瓦の赤茶色のコントラストが素晴らしい景観を生み出している。初詣はローカルな神社にお参りに行くのが周りの京都人ルールだから、わたしはいつも近所の下鴨神社と決まっている。ここのおみくじは「凶」ではなく「平」がでるのがちょっとユニーク。そして、冬の京都と言えば、節分祭を忘れてはならない。その中でもⒷ「吉田神社の節分祭」は京都人にとっても一大行事である。８００店以上並ぶ露店は見ているだけで楽しい。この日限定で販売される抽選券付きの福豆はかなりの確立で当たるとの噂なので、運試しに買うのも面白い。

FOUR SEASONS IN KYOTO

FOUR SEASONS IN KYOTO

DATA

Ⓐ同志社大学今出川キャンパス

住所：京都市上京区今出川通り烏丸東入

Ⓑ吉田神社の節分祭

住所：京都市左京区吉田神楽岡町30

節分を挟んで3日間行われる。露店が出るのは節分当日のみ。

New Kyoto Index

《食べる・飲む》

《見る・学ぶ》

《買う・体験する》

BOOK

FOOD & KITCHEN GOODS

FASHION & INTERIOR

MUSIC

《泊まる》

NEW KYOTO MAP

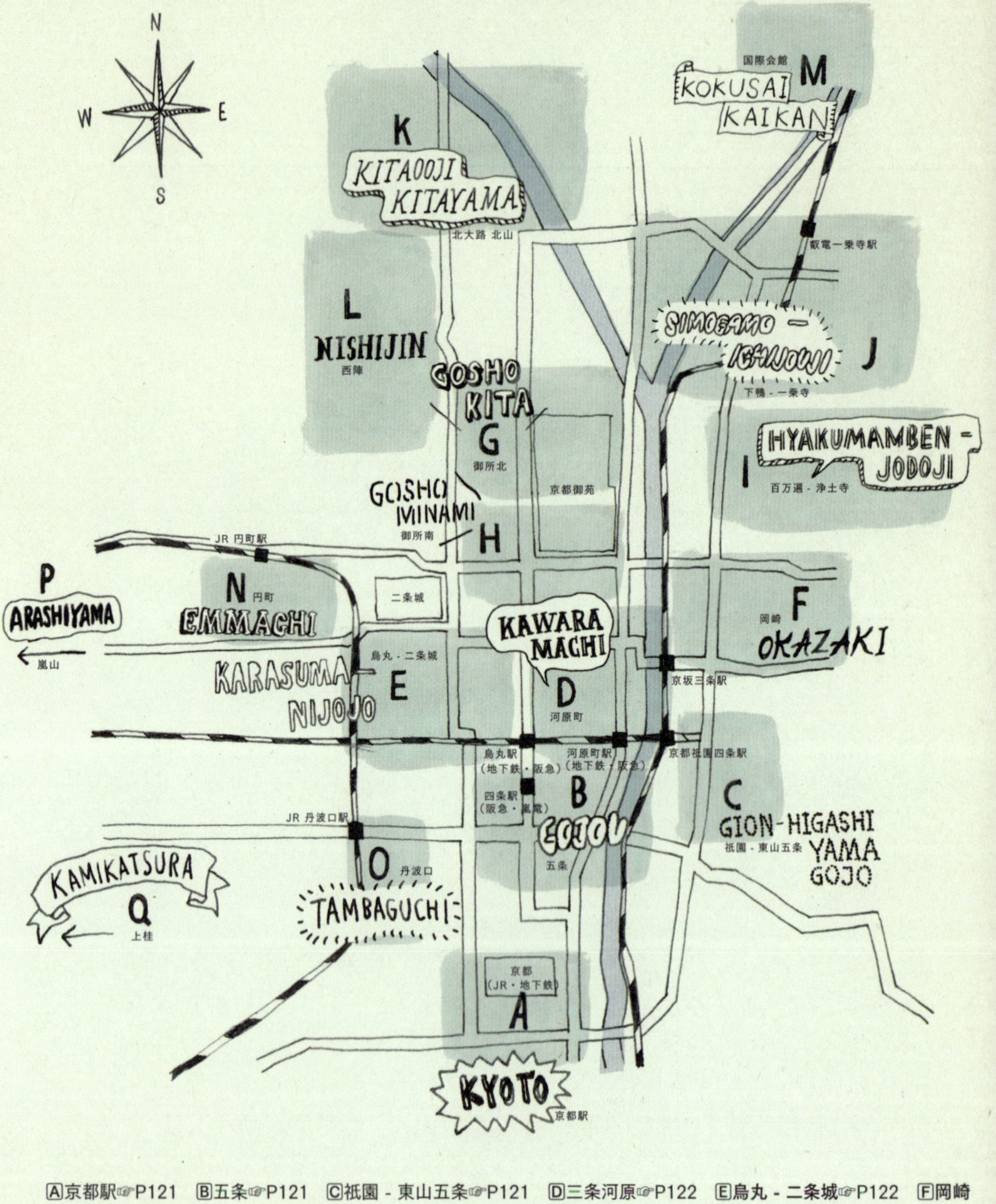

🄰京都駅☞P121　🄱五条☞P121　🄲祇園 - 東山五条☞P121　🄳三条河原☞P122　🄴烏丸 - 二条城☞P122　🄵岡崎☞P122　🄶御所北☞P123　🄷御所南☞P123　🄸百万遍 - 浄土寺☞P123　🄹下鴨 - 一乗寺☞P124　🄺北大路 - 北山☞P124　🄻西陣☞P125　🄼国際会館☞P125　🄽円町☞P125　🄾丹波口☞P125　🄿嵐山☞P125　🅀上桂☞P125

A 京都駅

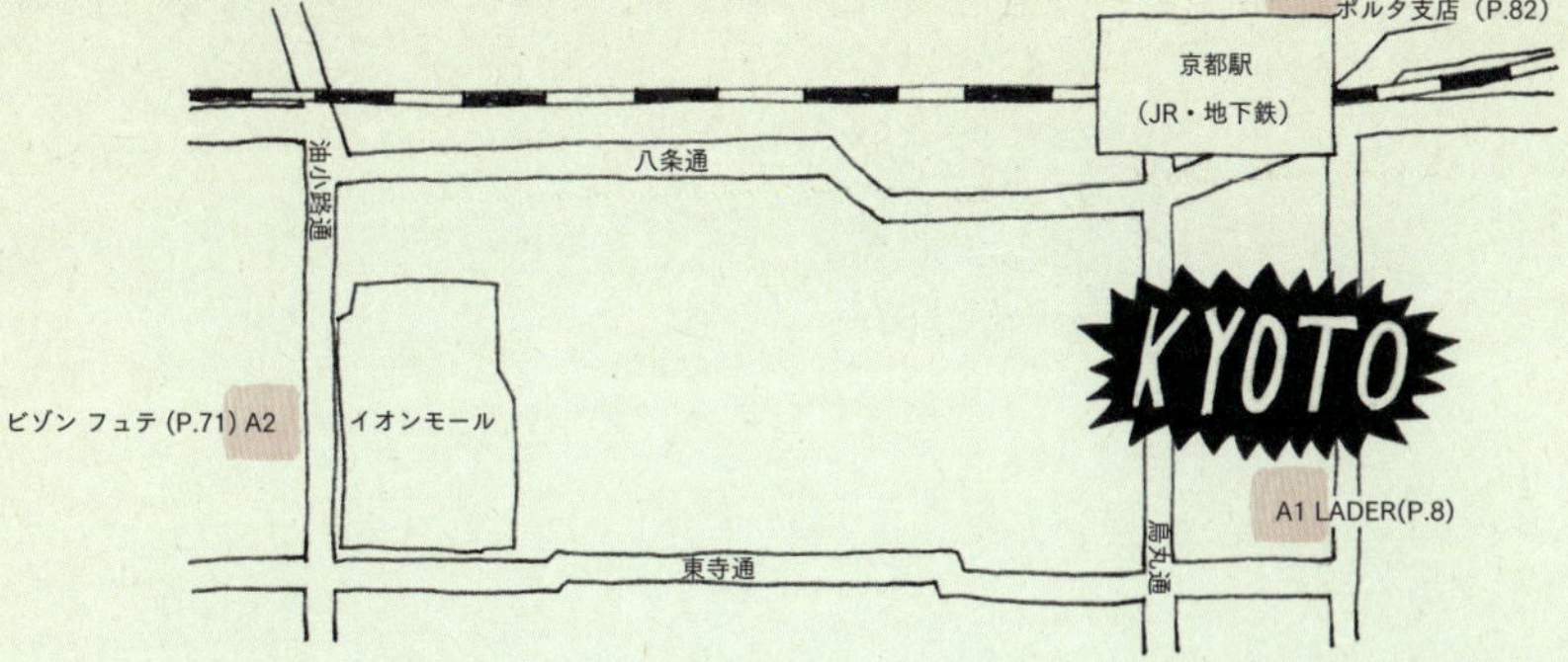

B 五条

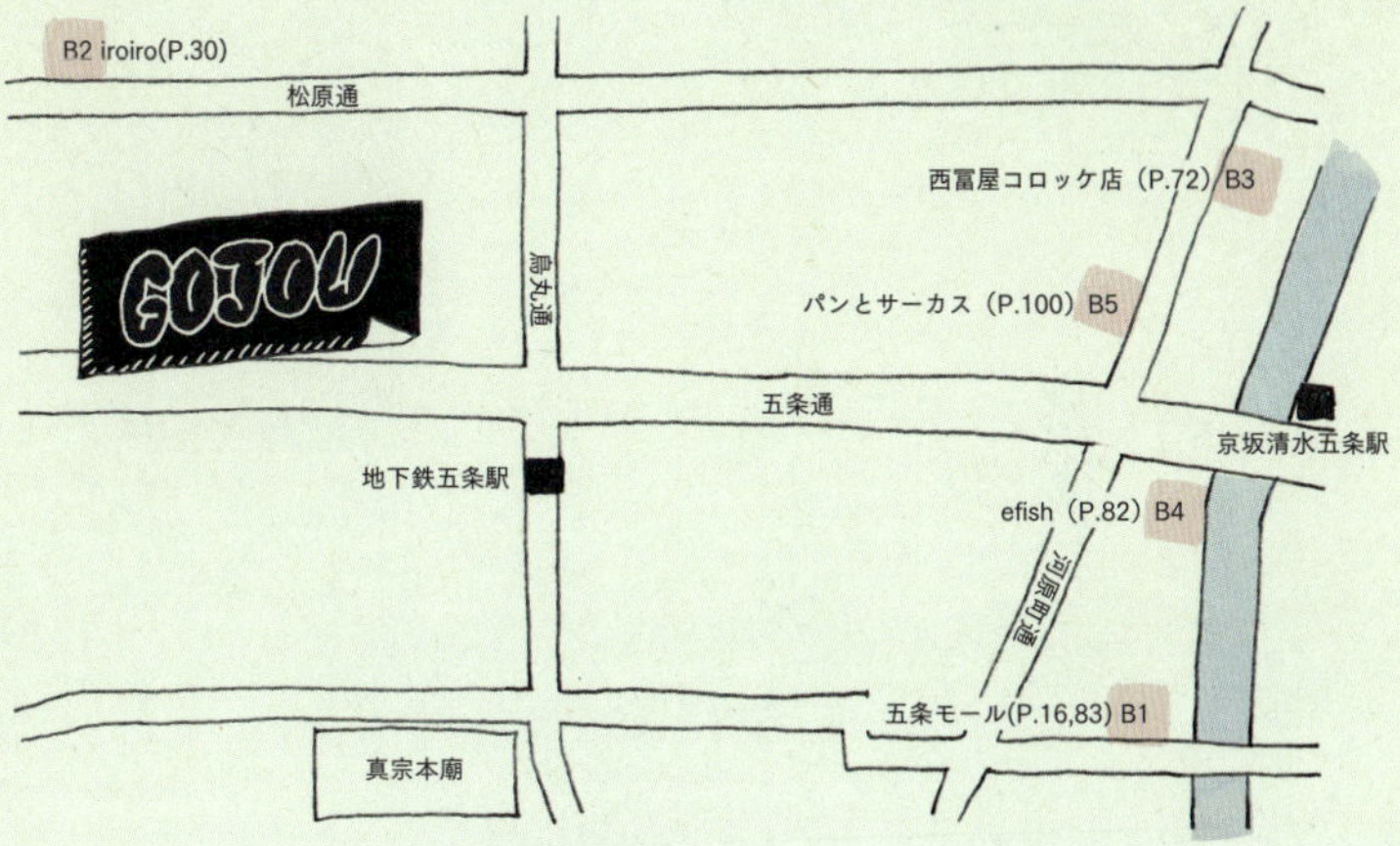

C 祇園 - 東山五条

D 三条河原

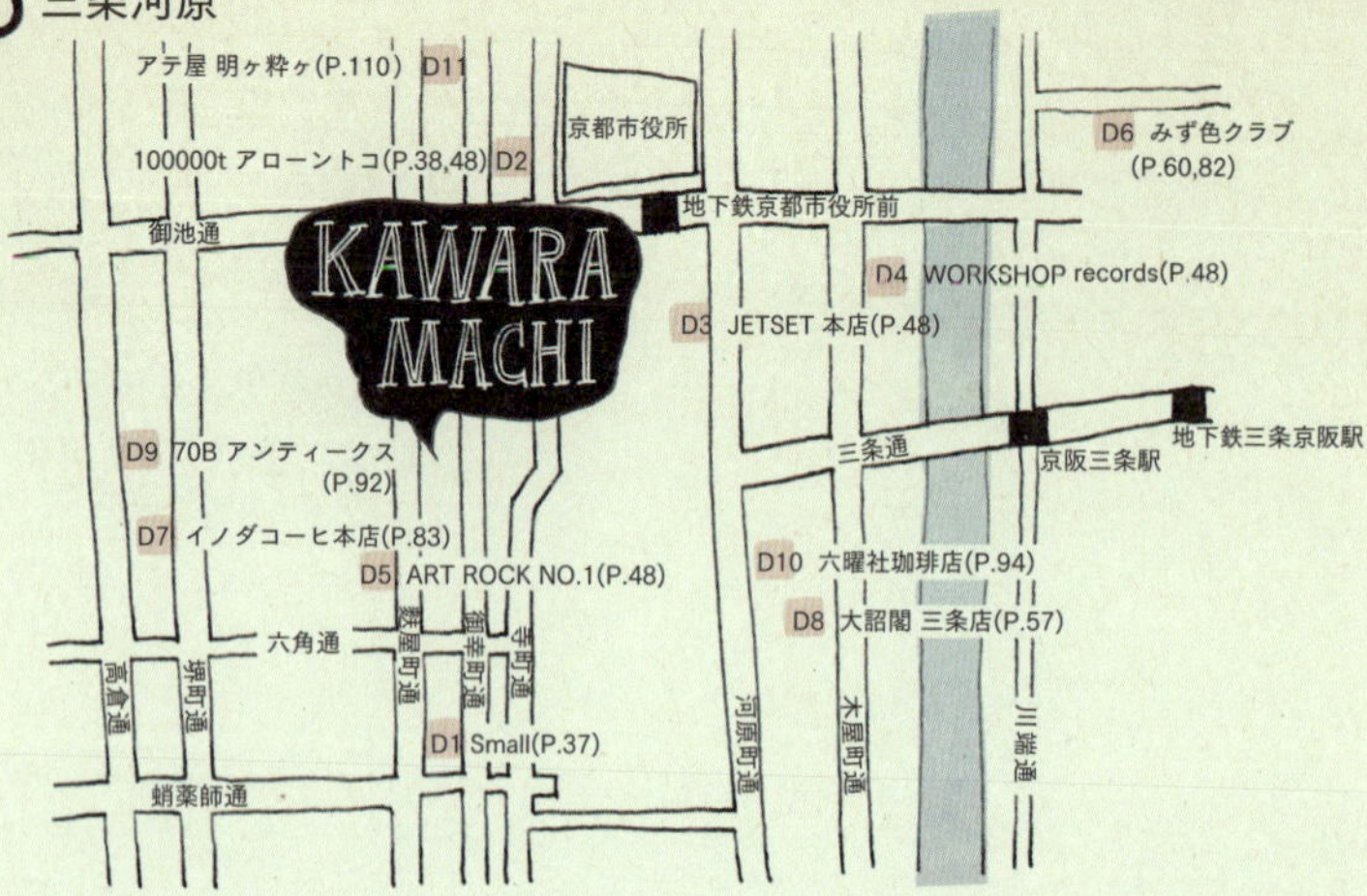

E 烏丸 - 二条城

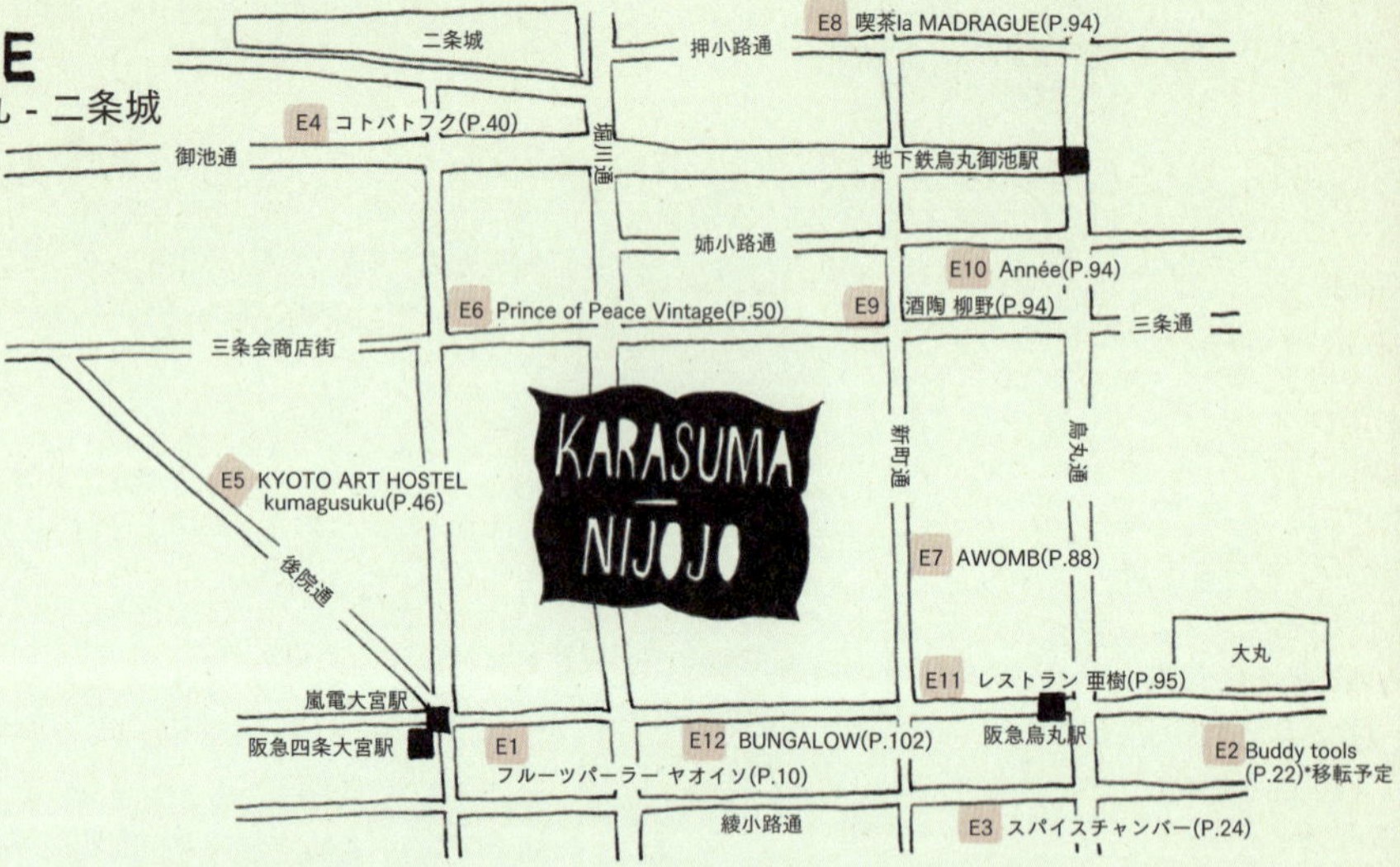

F 岡崎

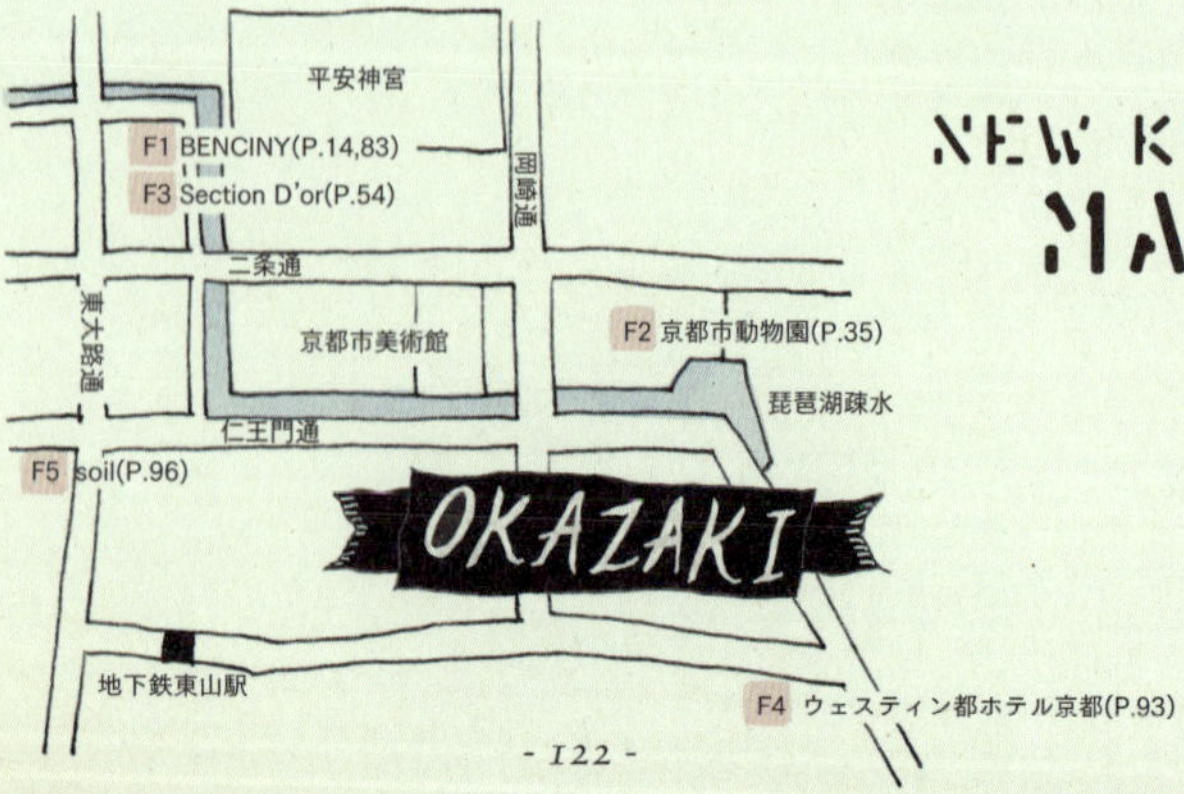

NEW KYOTO MAP

G 御所北

H 御所南

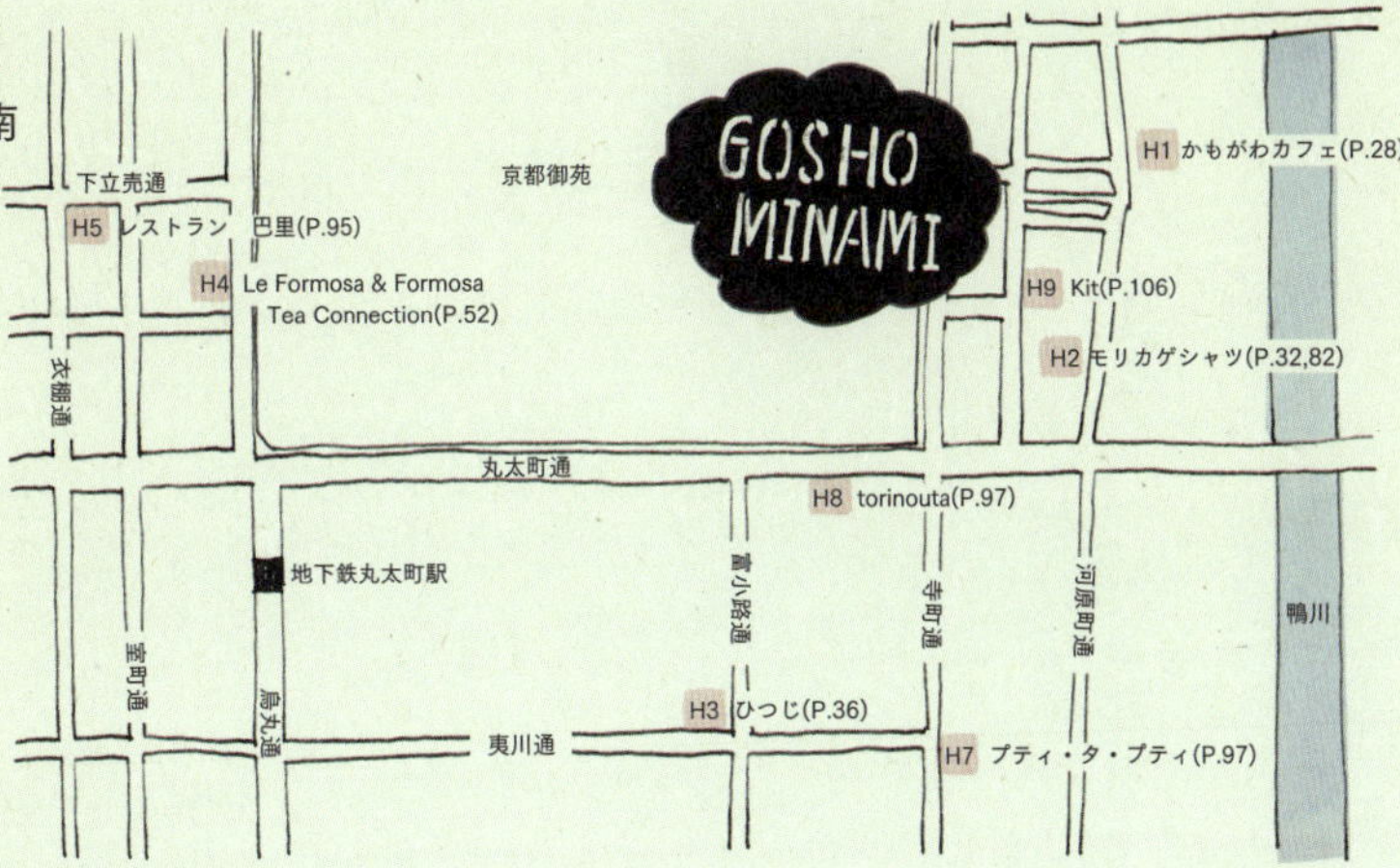

百万遍 - 浄土寺 I

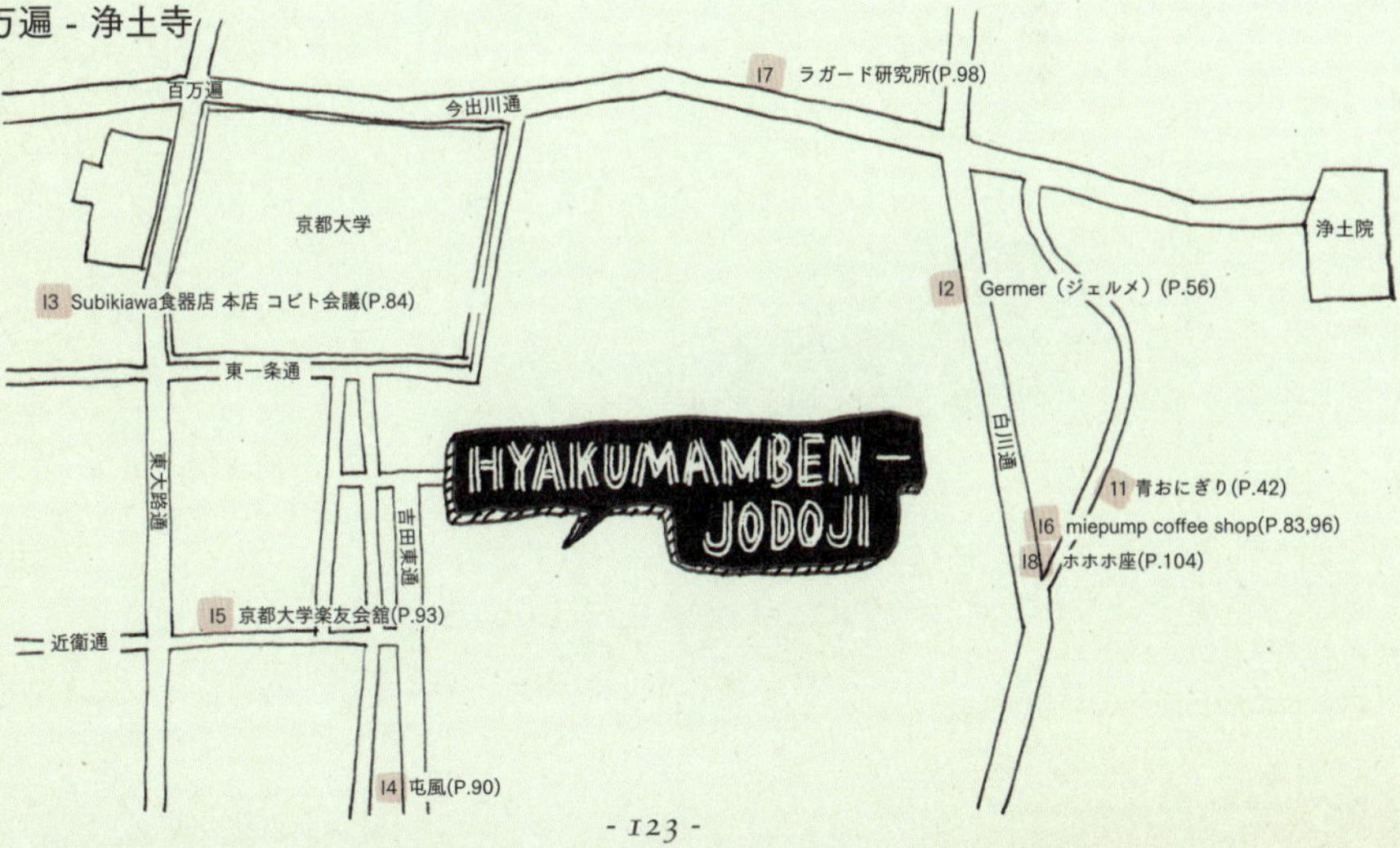

J 下鴨 - 一乗寺

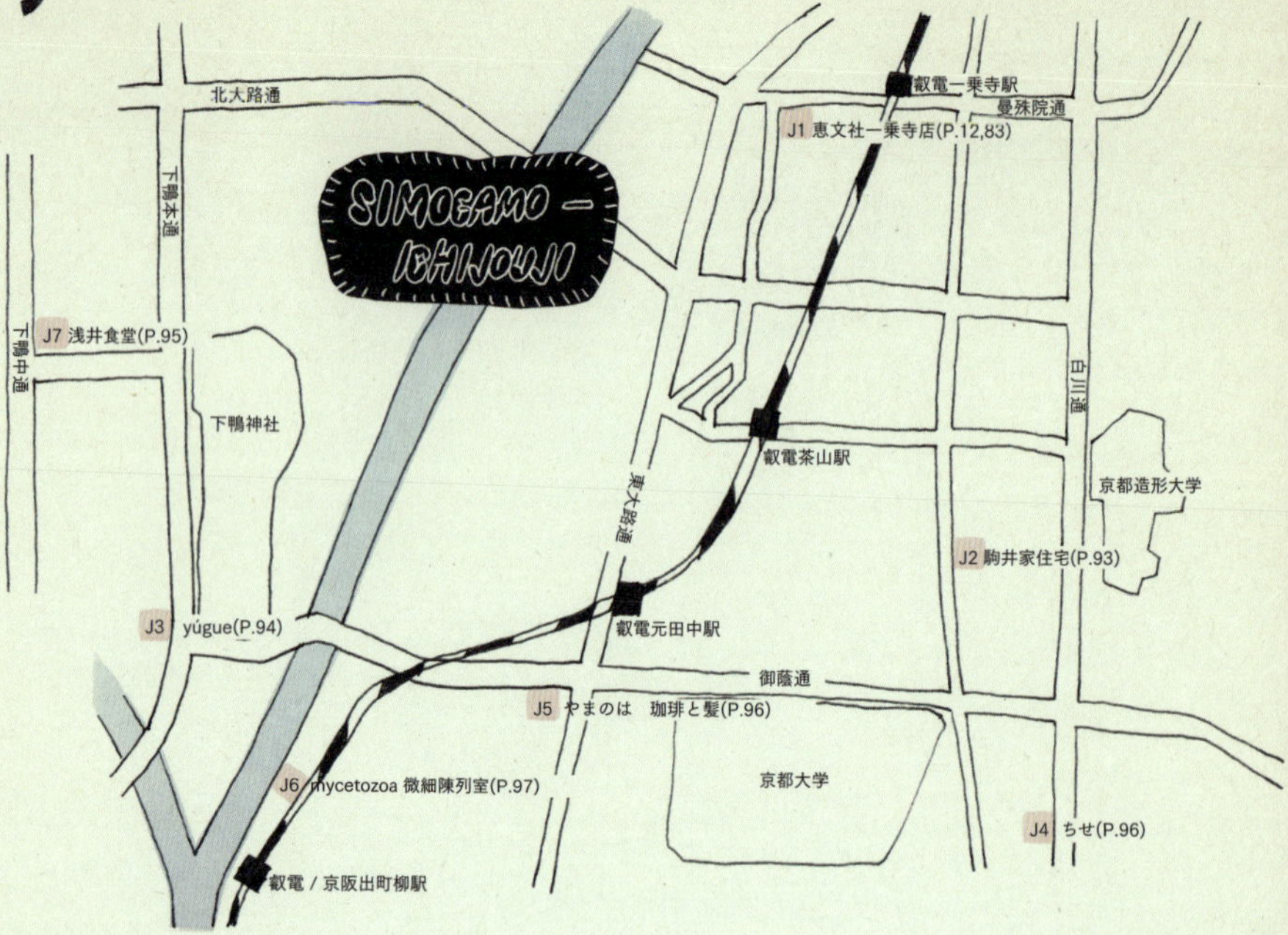

K 北大路 - 北山

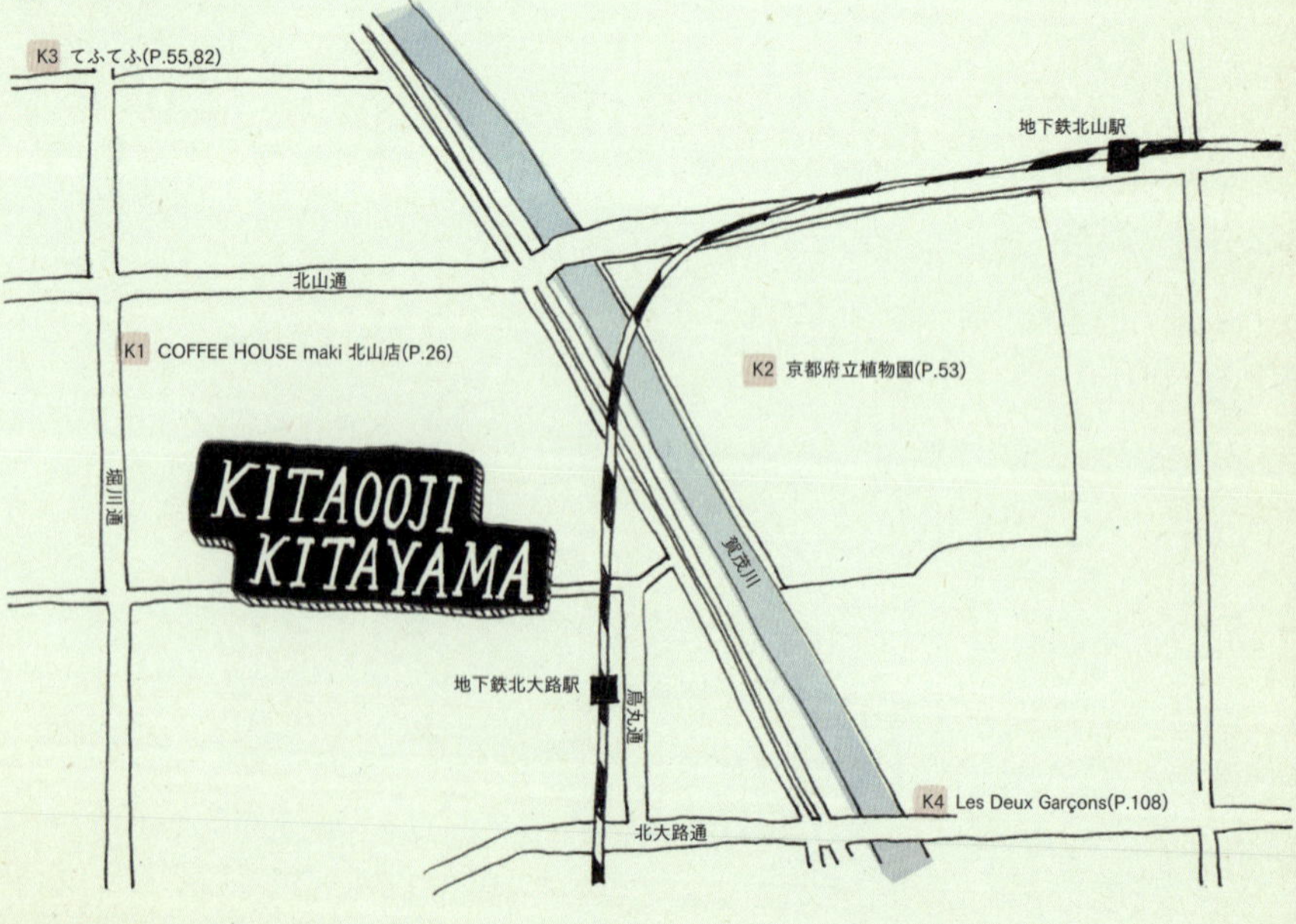

NEW KYOTO MAP

L 西陣

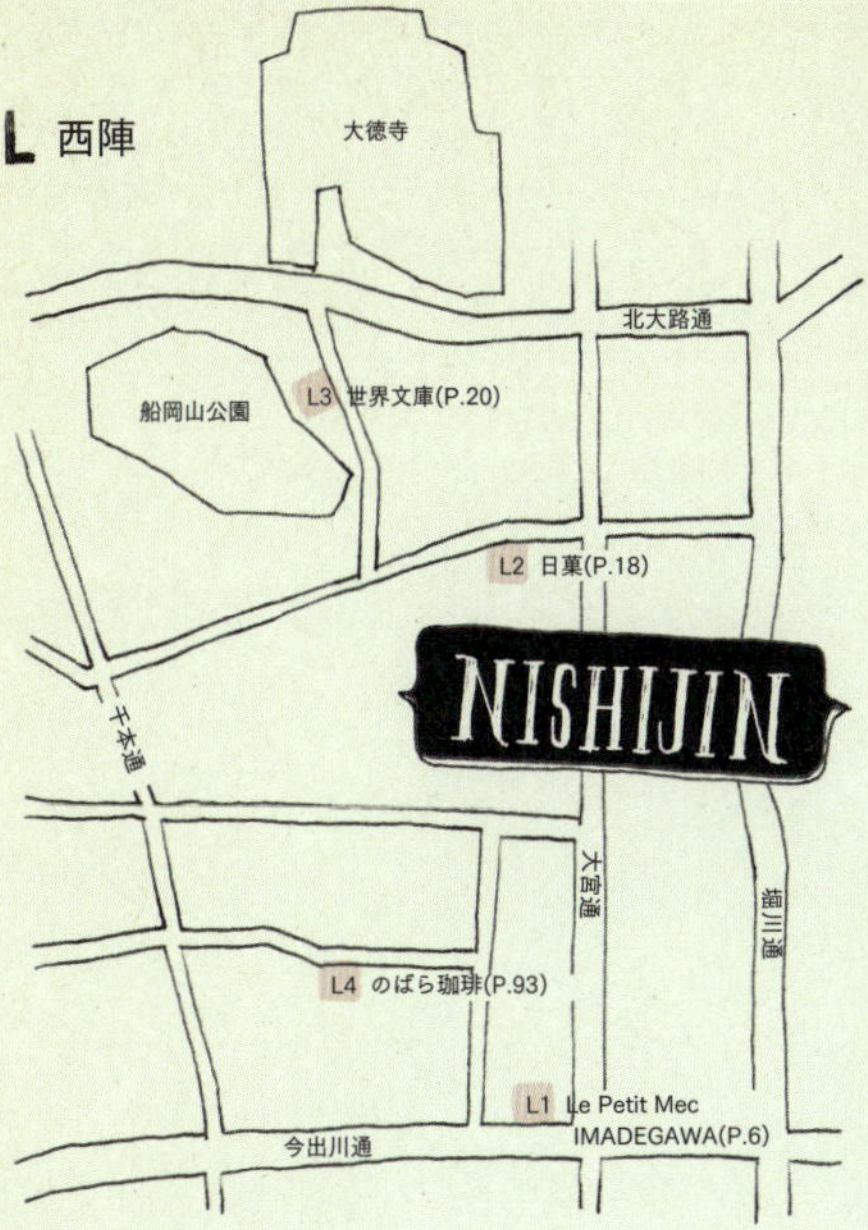

国際会館

M

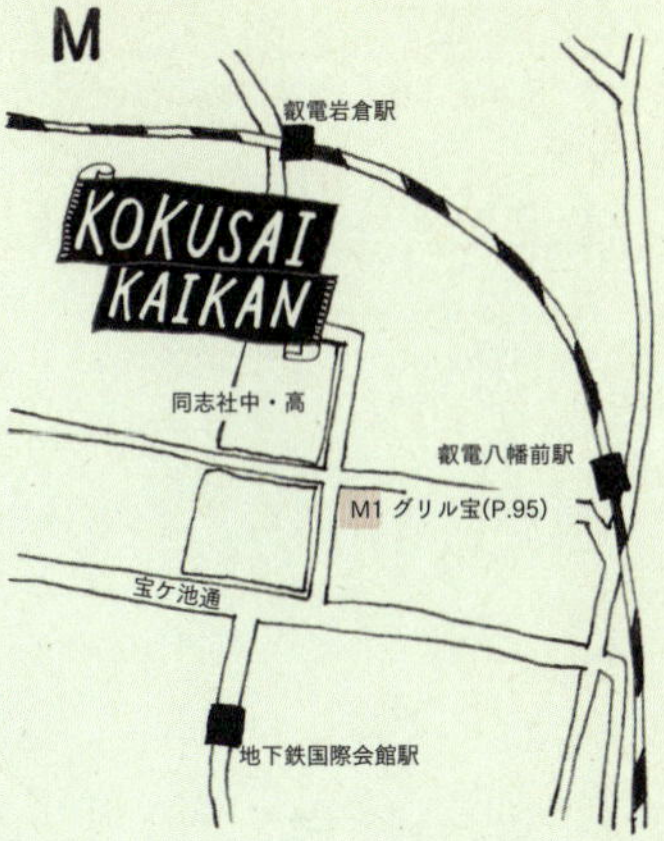

円町

N

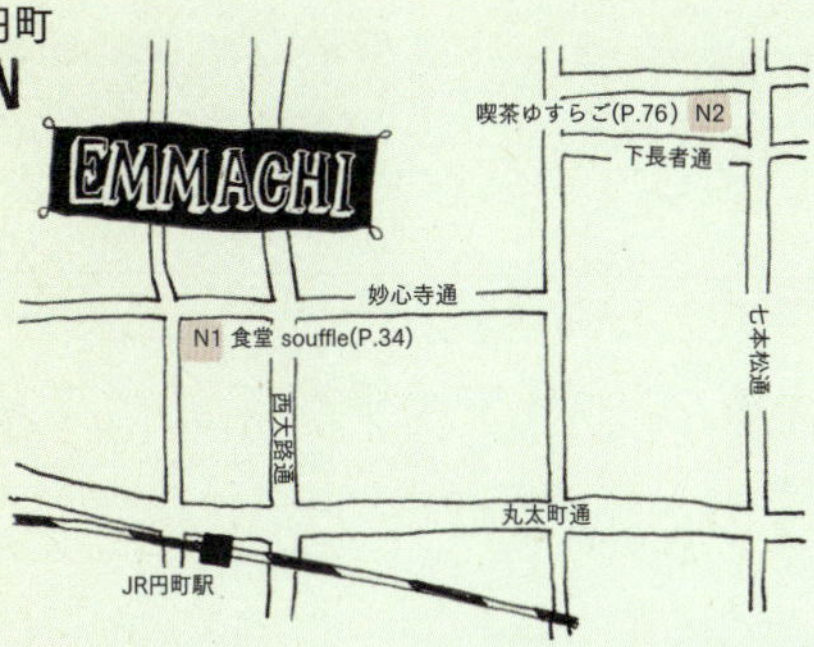

O

丹波口

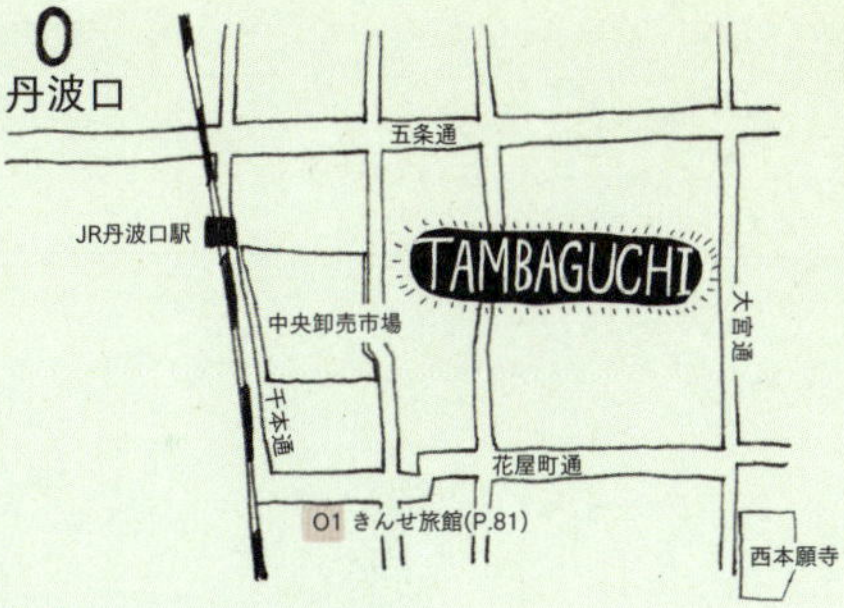

嵐山

P

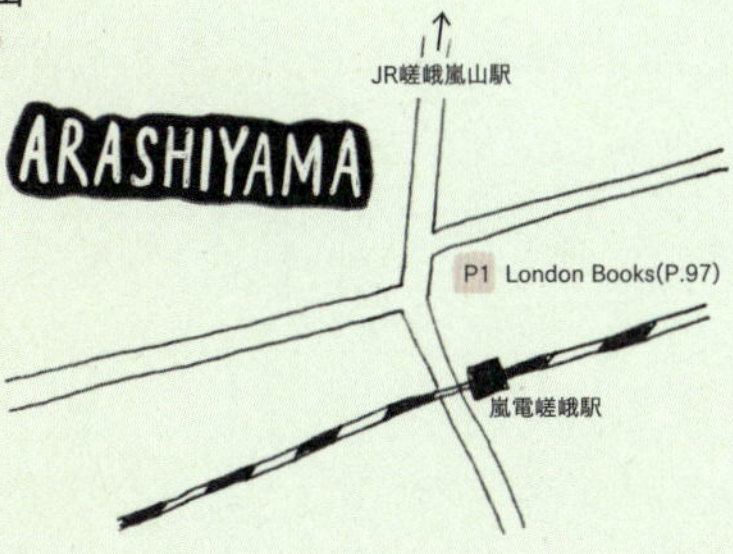

上桂

Q

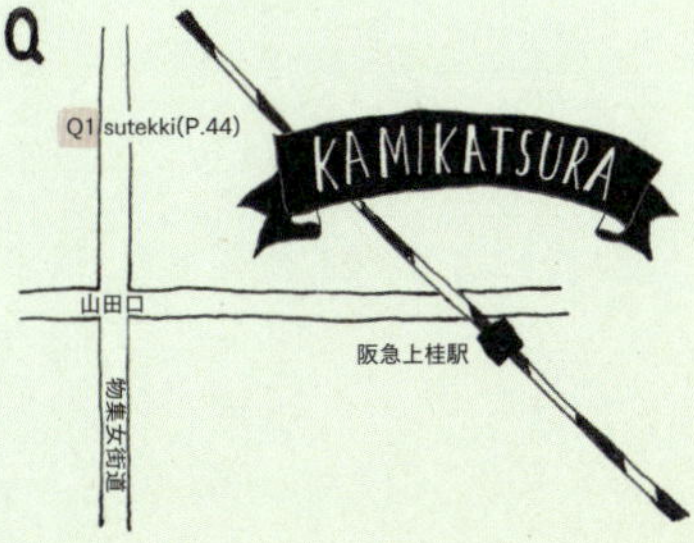

あとがき

初めて京都を訪れたのが修学旅行の時だという人は多い。わたし自身もご多分に漏れず、高校二年生の時に初めての京都へ足を踏み入れた。その時の記憶と言えば、自由行動の日に、個人行動は禁止されていたにも関わらず、わたしはそのルールを破りレコード屋巡りをしたこと。今でもその時にわずかなお小遣いをはたいて手に入れた「ジェットセット・レコーズ」のトートバッグは今でも大切に取ってある。雑誌「オリーブ」の京都特集を擦り切れるまで読み、デザインチーム「パット・ディテクティブ」に憧れ、ミニコミ誌を見よう見まねで作っていた経験が今の活動に繋がっていることへ勝手に運命を感じていたりもする。

　京都へ引っ越す際に不安がなかったと言えば嘘になる。大切な親友たちを東京に残し、寂しさのあまり涙がぼろぼろとこぼれ落ち、止められ

New Kyoto

なかったこともあった。それでも時間や経験を重ねていくうちに少しずつこの街に馴染んできた。そんな時に「澄礼ちゃんの目を通して見た京都の本を読みたい。」そう声をかけてきてくれたのが友人であり、編集の仁田さんだった。執筆は音楽専門だったのでこういった本に関してはまったくの初心者だった自分に素晴らしい機会を与えてくれた彼女のおかげで、京都という街が好きになったし、自分がいるべき場所だと思えるようになった。素晴らしい写真を撮影してくれたＪＪ、モデルの畳野さん、デザイナーの藤田さん、森田さん、編集の荒木さん、京都の大先輩である鷹取さん、この本に関わってくれた人々に感謝の気持ちを伝えたい。

　京都でわたしが一番好きな場所、それは葵橋から見える山々と鴨川の織りなす美しい景色。仕事で追われていたり、悲しいことがあった時、そんな時はここを訪れて心を整える。もし、わたしがこの街を離れてしまうことがあったとしても、この景色だけは一生忘れることはないだろう。これは京都に住むことで得ることのできたわたしの宝物である。

New Kyoto

京都おしゃれローカルガイド

初版発行　二〇一五年三月三十一日

著者　多屋澄礼
編集　仁田さやか
デザイン　藤田康平 (Barber)
地図制作　moko.
DTP 制作　森田一洋
編集人　荒木重光
発行人　近藤正司
発行所　清水英明
株式会社スペースシャワーネットワーク
東京都港区六本木三-十六-三五
イースト六本木ビル
編集　電話〇三-六二三四-一二二一
ファクス〇三-六二三四-一二二三
営業　電話〇三-六二三四-一二二〇
ファクス〇三-六二三四-一二二一
http://books.spaceshower.net/

写真　JJ (Cover,P.35,61-70,118-119)
モデル　畳野彩加 (Homecomings)
クッキー素材製作　fragola (P.112-115)
撮影協力　京都市動物園、世界文庫
ラガード研究所
Special Thanks　(五十音順、敬称略) 青柳文子、甲斐みのり、加地猛、高山大輔、鷹取愛、丹所千佳、堀部篤史、山根大介

印刷・製本　シナノ印刷

ISBN 978-4-907435-51-6
Printed in Japan